ぼくらの祖国

青山 繁晴
Shigeharu Aoyama

すべての学ぶひと、伸《の》びるひとへ。

すべての教えるひと、育てるひとへ。

わが胸《むね》いっぱいの敬意《けいい》とともに、この共に考え、共に生きる書を捧《ささ》ぐ。


なかでも、受験に苦しむ生徒に届《とど》けたい。

なぜ受験するのか、受験した先には何があるのか。

それを知ってこそ、こころを落ち着かせて学び、人生の試練に臨《のぞ》むことができるから。


なかでも、この日本社会で生きること、そのものに苦しむひとへ届けたい。

なぜ生きねばならないのか、生き抜《いぬ》いたとして、その先には無があるだけではないのか。

その問いこそ、われらを照らす光であるから。

この本では、漢字、ひらがな、カタカナ、ローマ字を自在《じざい》に使っています。同じ言葉でも、この四種を場合《ばあい》によって使い分けます。

わたしは、ひらがなを創《つく》り出したことから、ほんとうの日本語が始まったと考えています。ひらがなとカタカナの柔《やわ》らかな力で、漢字もローマ字もいわば日本語そのものへ意義《いぎ》深い変容《へんよう》を遂《と》げたと考えます。

この日本語に対する信念と愛情《あいじょう》にもとづいて、四種をあえて不統一《とういつ》に、その文脈に即《そく》して使います。一般的《いっぱんてき》な校正の基準《きじゅん》とは異《こと》なります。ご理解《りかい》ください。

青山繁晴　拝

ぼくらの祖国＊目次＊

装丁＝新 昭彦（ツーフィッシュ）

明けの星の章

●一の節

きみは祖国《そこく》を知っているか。

あなたは祖国を知っていますか。


ぼくは知らなかった。

なぜか。

日本の学校では、教えないからだ。日本の大人も、語らないからだ。

きみも、あなたも、ぼくもみんな日本国民だ。だけど日本をそこく、祖国として考えたこと、はっきり祖国として意識《いしき》したことが、どれほどあるだろうか。

東日本大震災《ひがしにほんだいしんさい》と福島原子力災害《ふくしまげんしりょくさいがい》が起きてしまった後の日本でこそ、それを問い直したい。わたしたちは震災で、根っことは気づかないで根っこであった何かが、ただの一撃《いちげき》で、見渡《みわた》す限《かぎ》り壊《こわ》れることを知った。

しかしそれは、ぼくら日本国民の、あまりに尊《とうと》い共通体験でもある。

行方がいまだ分からないかたがたを含《ふく》めて二万人近くの同胞《はらから》の命を喪《うしな》い、原子力災害によって福島のひとびとの人生を根こそぎ狂《くる》わせ、その産み出す放射性廃棄物《ほうしゃせいはいきぶつ》を考えればおよそ百年先の子々孫々にツケを回す。

その無残な現実《げんじつ》を通して、わたしたちは、根っことは気づかなかった根っこ、大きくて深い土台があったことを、これまでの立場の違いを超《こ》えて、知りつつある。

ぼくが学舎《がくしゃ》に通っていたとき、小学校、中学校、そして高等学校でも、祖国という言葉を教室で、またふだんの生活で聞いたことがなかった。

聞いたことがないことを、考えたり、意識したりすることは難《むずか》しい。

大学に進み、二十歳《はたち》を過《す》ぎても、「祖国とは何か」を考えさせる講義《こうぎ》は、ただのひとつもなかった。

しかし、ぼくにもきみにも、あなたにも祖国はある。ただ日本に生まれ、日本に住んでいるだけではなく、祖国としての日本がある。

ぼくが祖国を知ったのは、大学を卒業して社会人になり、仕事で世界の現場《げんば》を歩くようになってからだ。

世界のどこの国の学校でも「祖国」を真っ先に教えることを知った。

たとえばメキシコで公立の小学校や中学校を訪《たず》ねると、ぼくたちと同じように、週間当番がある。そして毎週月曜の朝に、当番が交代する。その交代のとき、メキシコの公立小中学校では、生徒たちが正装《せいそう》し国旗をかかげて校内のグラウンドを行進しつつ、国歌を高らかに歌う。それが交代式なのだ。子供《こども》たちが国旗と国歌にみずから敬意《けいい》を示す行進が、「今週は自分たちが学校に責任《せきにん》を持つんだ」と自覚するためのセレモニーを兼《か》ねている。

準備にも練習にも時間がかかるということだった。メキシコ人らしく、髭《ひげ》の剃《そ》りあとの濃《こ》い先生に聞いてみた。「なぜ、そんな手間暇《てまひま》をかけて、この交代式をやるのですか」。週間当番が毎週、交代するのは当たり前だから、さらりと交代してもおかしくない。

先生はスペイン語で「ポルケ？」、つまり「え、なんで？」と意外そうに、ぼくの眼《め》を覗《のぞ》き込《こ》んで、答えた。「こうやって自然に、だれにも祖国があり、そこに生きて、そこに還《かえ》るんだと体で教えるのです」

日本の学校でこれをやろうと、もしも親が、あるいは先生が提案《ていあん》したならば、たちまち「右翼《うよく》だ」と陰《かげ》で言われて、なかったことにされる、無視《むし》されるだろう。

ではメキシコは、国全体が「右翼」なのか。まさか。

メキシコは、たくさんの難しい問題を抱《かか》えてはいるけれど、それは世界のほかの国も同じだし、およそ一億一千万人のメキシコ国民の平和な生活をたいせつにし、大統領《だいとうりょう》を選《せん》挙《きょ》でえらぶ民主主義の国だ。

子供のときに「祖国とは何か」を教わるのが日本以外のすべての国ではふつうだということを、世界を歩けば歩くほど、ぼくは現場《げんば》で理解《りかい》していった。

祖国とは何だろう。

祖の国とは、ぼくらの親のそのまた親の、そのまたまた親の遙《はる》か彼方から、ずーっと続いてきた、大きな、奥《おく》ゆきの深い家のことであり、それがなければ、ぼくたちは、いなかった。

この祖国が滅《ほろ》びずに続いてきたからこそ、ぼくらは互《たが》いのきもちを同じ言葉で伝えることができる。絵や音楽や文学という文化も、祖国によってしっかりした共通の根を持つから、きもちを自由自在《じゆうじざい》に表すことができる。

ぼくたちが、この大地に足を踏《ふ》みしめて生きることのできる土台が、祖国なのだ。

たとえばメキシコのひとたちは、その土台を固めてから、みんな土台の上では意見が分かれたり、議論《ぎろん》を戦わせたりする。しかし、どれほど争っても、土台だけはぴくりともしないのだ。そうでなければ、崩《くず》れていく。みんなが気づかずに崩れていく。大震災や原子力災害で崩れていくのじゃない。土台がなければ、衝撃《しょうげき》にもろくなって倒《たお》れるのだ。なのになぜ、日本の学校では教わらないのか。なぜ、日本の大人たちは祖国を語らないのか。

それは戦争に負けたからだという。

●二の節

日本は、二千年を超える永《なが》い歴史を持つ国だ。その歴史でたった一度だけ、一九四五年の夏に、アメリカをはじめとする外国の連合軍に敗れ、それから七年近くのあいだ、連合軍に占領《せんりょう》されて、独立《どくりつ》を失っていた。

しかし、ぼくが歩いたすべての国もまた、戦争に負けた歴史を持っている。それなのに、日本のように祖国を教えない国はない。

戦争の、言いようのないほどの悲惨《ひさん》を知り、平和をたいせつにすることと、祖国を語らない、教えないことは、同じではない。

それどころか、平和を護《まも》るためにこそ、祖国をしっかり語ることが欠かせないのではないのか。

平和とは、世界の国々がおたがいに相手の国をたいせつにすることだ。自分のことは、たいせつにしないで、相手だけをたいせつにする。そんなことは、できるのか。

それは、きみもぼくも、身のまわりの生活を考えれば分かる。

友だちと悲しい喧嘩《けんか》をしないためには、相手になんでも合わせたり、相手の言いなりになったりするのではなくて、むしろ自分をしっかり持っていたら、周りもきみを認《みと》めて、おかしな喧嘩は起きない。

本を読んで、祖国という言葉を眼にすること、それは誰《だれ》でも小学生の頃《ころ》から、あるよね。

けれどもそれは、外国について書いた話だったり、あるいは外国人の書いた本だった。たとえば、祖国を失ったひとびとの話や、外国人がその祖国を懐《なつ》かしむ本だ。

ぼくらの祖国について考えるときは、なかった。

外国の話であれば「祖国」という言葉は生きているのに、日本だけは、死んだ言葉か、あるいはまるで使ってはいけない言葉のように消されている。これが、ぼくたちの現実《げんじつ》だ。

それは、いったいなぜなのか。正しいことなのか。

●三の節

ぼくは今、近畿大学《きんきだいがく》の経済学部《けいざいがくぶ》で教えてもいる。ぼくの仕事のひとつだ。教えているのは、ちょっとむずかしい言葉だけど、国際関係論《こくさいかんけいろん》。すなわち日本は世界の国々と、立場や利害が違っても、どのように平和につきあっていくかを考える学問だ。

講義が半年分、終わるたびに試験をする。ぼくの試験は、講義をどれくらい覚えているかを試すのじゃない。自分の頭で考える力を問う。教室でキーワードをひとつかふたつ出し、それについて自由に考えを書いてもらう。時間は六十分ある。

いちばん近い試験では、「祖国」をキーワードにした。すると大学生たちは、どんな答案を書いたか。

「祖国という言葉を、これまで聞いたこともないから、どのように考えたらよいのか分からない」、「わたしは、この日本に生まれて育ったから、祖国というのはきっと日本だろうけど、それがどういう意味か分からない」という答案が相次いだ。

それは誠実《せいじつ》な答えであり、六十分の時間制限《じかんせいげん》が迫《せま》るなかで苦しんで記した答案だから、ぼくは夜を徹《てっ》して、二百人分を超える答案を繰《く》り返《かえ》し読んだ。

そして、月が沈《しず》み、夜明けを迎《むか》え、この新しい本を書こうと最終的に決心したのだった。

最初は、ある若《わか》いお母さんから「子供にほんとうの日本を教える本が見つかりません」という声が届《とど》いたことが、胸《むね》に響《ひび》いて、新たな本を書こうかと考え始めた。それを、実行に移《うつ》す時機が来たのだ。


きみは人生で試験を受けることを重ねて、最後はよい大学を目指すのだろう。

しかし、そのよい大学を卒業したあとは、どうするのか。

仕事をする。そのとおりだ。では、だれのために、なんのために、仕事をするのか。

ぼくも受験の時代、何のための進学なのか苦しみ抜《ぬ》いた。

ぼくの同級生も含《ふく》めて、日本のおおくの生徒は、あらかじめ受験することが決まっている。

家庭の事情《じじょう》などがあって公立の中学までで学生生活が終わり、受験のないひともいる。

それは若い時代から、みずから苦労して人生を切り開くひとだ。その厳しさに、ぼくは胸の奥から敬意をはらう。

一方で、おおくの生徒が受験を当たり前のこととして迎える。ぼくもそうだった。そして大学を受験するとき、小さな頃から決められたレールに乗って生きているだけという気がした。

きみは、しないだろうか。

ぼくは、なぜ必ず受験するのかが分からず、それでいて違う生き方をティーンエイジャーで選ぶ勇気もなく、苦しみ抜いた。

いまでも忘《わす》れない。忘れなかったから、世界を歩いているとき、祖国に出逢《であ》ったのだ。

●四の節

この本を書いているとき、ぼくは沖縄《おきなわ》の琉球大学《りゅうきゅうだいがく》の学生からEメールをもらった。

彼は、きょう卒業して、あすから沖縄県警《おきなわけんけい》の警察官になるというその日に、ぼくにEメールを送ってくれた。

そのなかに、こう書いてある。

「思春期のころから、夢《ゆめ》のない無気力人間だったぼく」

この青年が、ただの無気力なひとだったとは、ぼくには思えない。彼は「夢のない無気力人間」と書いている。そのとおり、何が目標か分からなくて人生に夢を持てなければ、だれでも気力は出ない。ぼくだって受験生のとき、なにを目指して受験するのかが分からなくて、ベッドで突っ伏《つぷ》しているだけの時間が長く続いた。

彼は、たまたまぼくの話をインターネット上の動画で視聴《しちょう》し、そのあと、こう考えるようになったという。

「自分の欲求《よっきゅう》、私利私欲《しりしよく》だけを追求し続けて死にたくない。人のために生きたい。人のため、社会のため、公のために、生きたい。人のためになら、たった一度の人生を頑張《がんば》れる、克己《こっき》できる。そう思いました」

この青年にも、無気力だと思うほかない生活が、きっと現実にあったのだろう。それがなぜ、「人のために生きるのなら、気力が奮《ふる》い立《た》つ」と考えるようになったのか。

考えるだけではなく、現実にひとりの警察官として、人のために危険《きけん》な任務《にんむ》にもつこうとしている。それはなぜか。

この青年は「思春期から無気力だった」とみずからを振《ふ》り返《かえ》りながら、それでも沖縄の名門、琉球大学に合格《ごうかく》している。まわりから見れば、やることをやっているひとなのだろう。だけども彼の胸のなかでは、なんのために受験勉強をしているのか、生きているのか分からないところが、あったのではないだろうか。

名門大学に入れたのだから就職《しゅうしょく》には困《こま》らないと、そこで思索《しさく》を止めずに、おのれを問いつづける謙虚《けんきょ》な姿勢《しせい》があったから、突き抜ける日がやってきたのだ。

彼がたまたまネットで視聴したぼくの動画は、まさしく祖国を考える話ではあった。その動画で、ぼくらが長く忘れていた硫黄島《いおうとう》の戦いについて話した。外交・安全保障《あんぜんほしょう》の専門家《せんもんか》の端《はし》くれであるぼくも、まさしく忘れていたのであり、それは、ぼくにとって、おのれ自身をも問う動画になった。

第二次世界大戦の末期、日本は永い歴史で初めて、自国の領土《りょうど》を外国の軍隊に完全に占領された。それが東京都小笠原村《とうきょうとおがさわらむら》の硫黄島だ。アメリカ軍がこの島を拠点《きょてん》にして、東京をはじめ日本の街を爆撃《ばくげき》、攻撃《こうげき》し女性や子供を殺害するのを防《ふせ》ごうと、硫黄島で二万人を超えるかたがたが戦死した。ところが、そのうちわずか八千数百人しか、遺骨《いこつ》となって故郷《ふるさと》に帰っていない。およそ一万三千のひとが、日本国民から忘れられたまま、島に取り残されてきた。

その二万人を超えるひとのなかで、たったひとりも、自分の利益《りえき》のために、私利私欲のために戦ったひとはいなかった。考えや年齢《ねんれい》、仕事の違うだれもが、ただただ人のために、祖国、本土の女性と子供のために、そこから育つ次世代のために戦った。その次世代がぼくら自身だ。そのぼくらが、硫黄島を忘れ去ってきたのだ。

ぼくは立ち入り禁止となっている硫黄島に、長い交渉《こうしょう》の末に入り、島で何を見たか、何に触《さわ》ったかを、みんなに伝えた。その動画だ。

しかしこの動画は、ひとつの問題提起、ひとつのきっかけに過ぎない。

琉球大学に学んでいたひとりの青年が生き方を一変させたのは、彼が自分の頭で考えたからだ。

自分の頭で考えたとき、その自分のためだけに生きるのでは救われないと気づくのはなぜか。

そこに祖国が立ち現《あらわ》れる。

きみもぼくも、きみのご両親も、年齢や世代がずいぶんと違っても、実は同じ教育を受けている。日本が戦争に負けたあとの教育は、同じなのだ。それは「祖国」という概念《がいねん》を失った教育だ。

がいねん、概念という難しい言葉を、あえて今つかった。概念とは、英語でいえばCONCEPT—なにかを抽象的《ちゅうしょうてき》に「こんな感じ」とつかむことだ。この抽象的につかむことは、人間にとって、とてもたいせつな頭の働きだ。

それは動物にはない人間らしい知性《ちせい》である。ぼくは犬をはじめ動物が大好きで、青山繁子という、なぜかぼくと一字しか名前の違わないポメラニアンが家族のなかにいる。

繁子は、ぼくが仕事で徹夜明けのまま、夜明けに散歩に連れていってくれたり、おいしい犬用ビスケットをくれたりするから、ぼくのことを好きなのだ。

だけど祖国は、ぼくたちに何かをしてくれたり、何かをくれるわけじゃない。政府《せいふ》は、ぼくらに学校をつくってくれたり、仕事を無くしたときはしばらく失業《しつぎょう》保険金《ほけんきん》をくれたりするけれど、政府は祖国じゃない。政府は祖国とは違う。

政府はどんどん変わる。ぼくたちは、政府を支持《しじ》したり支持しなかったりできる。つまり、政府は変わるのじゃなくて、ぼくらが変えられる。

しかし祖国は変わらない。母なる存在《そんざい》だからだ。それもぼくたちが、たとえば意見の違いでどれほど議論し、対立し、揉《も》みあっても、だれにとっても同じ母がいる。それが祖国だ。

だから外国人の書いた本に、あるいは外国のことを日本人が書いた本に、祖国を喪って苦しむひとびとの話が出てくるのだ。

ところが、戦争に負けたあとの日本では、この政府と祖国の違いが分からなくなった。語られなくなった。

この本の最初に記したメキシコの小中学生のことを思い出してほしい。

かれらが毎週、月曜日に週間当番を交代するとき、正装をして国旗を掲《かか》げ国歌を歌いながら校内を練り歩くのは、そのときの政府を称《たた》えさせられているのじゃない。

いつの時代にも変わらない祖国を、大人になってどのように違う生き方をしようとも、これだけは変わらずに、だれもが共通して、愛し続けることを、こころと体が知るためなのだ。

世界には、国際連合に加盟《かめい》している国だけで百九十三か国ある（二〇一一年十二月現在）。およそ二百の国々が地球にあるわけだ。

その国のうち、祖国、そして祖国愛という共通の土台を国民が持たないのは、ぼくらの日本社会しかない。世界を歩けば歩くほど、それが身体に伝わってくる。

もう一度、思い出そう。その理由は「日本が戦争に負けた」からだと、ぼくらは世代が違っても、学校が違っても、いつでもどこでも教わってきた。

では世界で、戦争に負けた経験《けいけん》のあるのは日本だけなのだろうか。世界の主要国は、すべて戦争に負けている。もっとも強いアメリカも、一九七五年にベトナム戦争で負けた。そして二〇〇三年から二〇一一年まで続いたイラク戦争ではどうか。ぼくはこのイラク戦争の戦地に入り、アメリカ軍が、軍服も着ていないテロリストに負け、焦《あせ》りのために、テロリストではないイラク国民をたくさん殺害し、そのために憎《にく》みに憎まれて、実質的に大敗する現場を体験した。世界中の国が戦争に負けている。日本がたった一度、戦争に負けたことは、祖国を喪う理由にならない。それは実は思い込みだった。

なぜ思い込んだのか。

日本人が愚《おろ》かだからではない。それまで二千年を超えて、外国に負け国土を占領された経験が一度たりともなかった。これは世界の例外中の例外だ。だから、勝った時ではなく、負けたときにこそどうするか、その練習も訓練もできていなかっただけである。

何を思い込んだのか。

アメリカをはじめ勝った側の言う通りにせねばならないと思い込んだのだ。ほんとうは逆である。負けたときにこそ、その民族と国家の先達《せんだつ》が営々《えいえい》と築《きず》きあげてきた大切なものを護らねばならない。

その理念は、国際法にも存在している。

国際法のひとつ、ハーグ陸戦条約《りくせんじょうやく》の四十三条によれば、勝った国は、負けた国の法律《ほうりつ》を勝手に変えてはいけない。負けた国がその文化と歴史と主権《しゅけん》に基《もと》づいて法をつくってきたことを尊重する、定めである。

ぼくらの生活の基礎《きそ》をつくる憲法《けんぽう》について、ぼくは、すべて最初から日本国民が書き直すべきだと長年、語り続けてきた。憲法の内容《ないよう》に賛否《さんぴ》を言う前にそもそも、現在の日本国憲法の原案は、日本が戦争に負けたときアメリカ占領軍が英語で書いたという、だれにも動かせない冷厳《れいげん》な事実があるからだ。国際法に背《そむ》いている。

国際法は、にんげんが、むごい殺し合いを繰り返しながら血で贖《あがな》ってようやく造《つく》り出《だ》してきた貴重《きちょう》なルールだ。それを守るということは、ぼくら日本国民が意見や立場の違いを超えて、共通して、掲げることのできる目標ではないだろうか。

敗戦後の日本国民は、憲法をめぐって「変える」「変えない」で意見が対立し、それを根っこのひとつにして何をめぐっても対立し、あるいは、たとえば世代・年齢の違い、地《ち》域《いき》の違いを強調して、国民を分けることに熱心だった。

その意見の違いや、時代あるいは地域の個性をおろそかにせず、尊重しつつ、共有できることを共有する。その、こころの眼を持つことが、日本社会を甦《よみがえ》らせる。

夜が明ける前には、明けの星が、青い一滴《ひとしずく》の光を発する。それを共に見あげることは、掴《つか》みあいの喧嘩をしていても、できるのだ。

平壌の日の丸の章

●一の節

戦争に負けたということは、実はちっとも特別《とくべつ》なことではない。

前述《ぜんじゅつ》したように、世界の主要国はすべて、勝ったり負けたり、負けたり負けたり勝ったり負けたりの歴史を繰り返してきた。

戦争に負けたことを特別視《とくべつし》したために、たとえば国民に何が起きているか。

きみは「拉致《らち》」という言葉を聞いたことがあるだろう。これも学校では教えてくれないが、世の中では語られているから、聞いているだろう。

たとえば、みんなと同じように中学に通っていた十三歳《じゅうさんさい》の横田めぐみちゃんが、バドミントン部の練習を終わってラケットを手に、家までわずか三百メートルほどの通学路で、その角を左折すればもう自宅《じたく》というところに差しかかったとき、二人組の男に拉致された。つまり誘拐《ゆうかい》テロによって連れ去られた。

どこへ。日本の隣《となり》の国の北朝鮮《きたちょうせん》へ。

北朝鮮という国は、政府《せいふ》の職員《しょくいん》である「工作員」を日本へ送《おく》り込《こ》み、新潟《にいがた》の海岸近くで待《ま》ち伏《ぶ》せし、通りかかっためぐみちゃんの腹《はら》をまず殴《なぐ》り、背中《せなか》を丸めてうずくまるめぐみちゃんの首筋《くびすじ》を空手の手刀で殴って崩《くず》れ落《お》ちたところを袋《ふくろ》に詰《つ》めたのじゃないかと考えられている。

そして、海岸で平然と待っていた小舟《こぶね》に、袋詰めのまま押《お》し込《こ》んで沖合《おきあい》に出て、そこで待ちかまえていた母船に閉じ込めて、北朝鮮へ連れ込んだ。

めぐみちゃんは「お母さん」と呼びながら、真っ暗な船倉、すなわち船の底にある倉庫の壁《かべ》を両手で引《ひ》っ掻《か》いて、爪《つめ》が剥《は》がれた。

北朝鮮は、このめぐみちゃんのほかにも、全部で百人を超《こ》えるかも知れない、ぼくらと同じ日本国民を拉致していった。

北朝鮮と睨《にら》みあっている韓国《かんこく》に効果的な工作活動を仕掛《しか》けるためだ。拉致した日本人が大人だったら、北の工作員がその人になりすますこともある。これを「背乗《はいの》り」と、恐ろしい言葉で呼んでいる。子供《こども》だったら、工作活動に従事《じゅうじ》するよう育てたりもしたと、日本の捜査当局《そうさとうきょく》は考えている。

これが現代《げんだい》の戦争なのだ。

日本の大人《おとな》が「戦争は二度としてはいけない」と、きみたちに話してきた戦争は実は古い戦争であり、今から戦争するぞという宣言《せんげん》、それは宣戦布告《せんせんふこく》と呼《よ》ばれているが、それがあるような戦争、また、その宣言のあとにどっと海岸線に何万もの外国の兵士が押《お》し寄《よ》せてくるような戦争は、とっくに古い戦争になっている。

ほんとうの、ぼくたちの時代の戦争は、このようにわずか二人ほどの工作員が、日本国民に襲《おそ》いかかって、勝手に自分の国に連れて行き、そのひとの人生を奪《うば》うような戦争なのだ。

だから、そもそも、日本の大人が「日本は、あの悲惨《ひさん》な第二次世界大戦のあとは平和になった。だから、この平和を大事にしなさい」と言ってきたのは、真っ赤な嘘《うそ》だ。

それが嘘ではないのなら、横田めぐみちゃんたちは日本国民ではないのだろうか。

●二の節

このめぐみちゃんたちを取り返そうと、めぐみちゃんの拉致からは二十五年も過《す》ぎた二〇〇二年九月十七日にやっと日本の小泉純一郎首相《こいずみじゅんいちろうしゅしょう》（当時）が、北朝鮮の首都、平壌《ピョンヤン》に行って交渉《こうしょう》した。

すると、拉致を指示した当の独裁者《どくさいしゃ》、すなわちもっとも罪《つみ》の重い真犯人《しんはんにん》である金正日《キムジョンイル》総書記《そうしょき》は、北朝鮮の国家機関が日本国民を拉致したことを認《みと》めた。日本から現金を引き出したいためであった。

重要なのは金正日総書記が、犯罪組織などのせいにせず、国家機関の手で行ったことを明言したことである。

北朝鮮といえども、国連に加盟《かめい》している主権国家だ。ひとつの主権国家が、別の主権国家の国民を、国家として拉致し奪い去る。国際社会では、それはすなわち戦争である。戦争が起きていたのだ。「第二次世界大戦のあと、平和憲法のおかげで、日本には戦争がなく、犠牲者《ぎせいしゃ》はいない」と日本で常に語られ、教えられてきた「常識」が嘘だったことが分かった瞬間《しゅんかん》だった。

しかし、その視点で報《ほう》じたメディアは日本にただひとつも無く、その視点で国民に語った政治家もまた、ひとりもいなかった。

祖国を知らなければ、主権国家同士でつくる国際社会も、理解できていない。

北朝鮮はその一か月後、勝手に選び出した五人のかたがただけを帰し、あとのひとは「みんな死んだ、これで拉致の問題はおしまいだ」と言った。横田めぐみちゃんも、拉致したことは認めながら、北朝鮮で自殺したことにしてしまった。

ところが、たくさんの拉致被害者《らちひがいしゃ》のかたがたが、今も北朝鮮に囚《とら》われて生きている。

小泉首相は二〇〇四年の五月に再《ふたた》び平壌に行って、日本に帰った五人のその子供たち、つまり北朝鮮で生まれた子供たちだけを連れ帰った。五人以外の拉致されたひとたちは、北朝鮮の言うがままに、北朝鮮に置いてきてしまった。

小泉さんがこうして二度（二〇〇二年九月、そして二〇〇四年五月）、北朝鮮に渡《わた》ったとき、首相と役人たちは政府専用機《せいふせんようき》という飛行機で平壌の順安《スナン》空港に降《お》り立った。北朝鮮が選んだ五人が帰国するときも（二〇〇二年十月）、政府専用機が使われた。

この飛行機は、航空自衛隊《こうくうじえいたい》の通称《つうしょう》「ハイテクジャンボ」ジェット機で、天皇皇后両陛下《てんのうこうごうりょうへいか》が使われたり、首相や大臣が乗ったり、あるいは外国で災害《さいがい》などが起きると、その国にいる邦人《ほうじん》を助け出すために使う。

そういう飛行機だから、尾翼《びよく》に、大きな日の丸がついている。ぼくは共同通信《きょうどうつうしん》政治部の記者時代に、首相同行取材のために何度もこの政府専用機に乗り、いつもタラップで尾翼を見やって「なんて巨大《きょだい》な日の丸だろう」と思った。

その日の丸の飛行機が平壌に着陸し、そしてまた離陸《りりく》していく、この光景を、拉致されたひとびとのうち連れ帰ってもらえない何人かが、見ていたらしい。

これは、あまりにむごい、隠《かく》されてきた事実である。

警察庁《けいさつちょう》・外事情報部など日本の複数《ふくすう》の捜査機関の公表していない調べによる。拉致被害者がどこで見たのか。それは、はっきりしていないが、空港内か空港の近くで見た可能《かのう》性《せい》すらあるという。

突然《とつぜん》、北朝鮮に拉致されてから二十年、三十年を経《へ》て、ついに日の丸を見たのだ。「これで帰れる」と、きっと信じたろう。

しかし二〇〇二年十月には、「不正な工作活動をあまり知らず、日本に帰国しても証言《しょうげん》できないから大丈夫」と北朝鮮が判断《はんだん》した五人だけを乗せて、飛び去り、二〇〇四年五月には、取り残された拉致被害者を横田めぐみさんをはじめだれも助けないまま、先の五人の子供たちだけを乗せて飛び立ってしまった。

その遠ざかる尾翼の日の丸を見つめながら「日本は国民を見捨《みす》てる悲しい国になっている」と、拉致被害者のかたがたは知ったのではないだろうか。祖国はきっと助けに来てくれると信じていた拉致被害者ほど、どんなにか、失望《しつぼう》しただろうか。

●三の節

ぼくたちが祖国を知る、知らねばならない、知ることによって新たな希望を拓《ひら》いていくとは、こういうことを言うのだ。

拉致被害者のかたがたは、拉致されて、祖国を喪って、きっと祖国を知っただろう。胸が焦《こ》がれるように祖国を想っているのではないだろうか。

そして、北朝鮮では決して見ることのない大きく立派《りっぱ》な機体の政府専用機を日本が送り込んできた。尾翼の巨大な日の丸だけではない、胴体《どうたい》には、誇《ほこ》らしげに「日本国JAPAN」と大書され、日章旗《にっしょうき》もきれいに描《えが》かれている。

それなのに、北朝鮮ごとき破綻国家《はたんこっか》に言われるがままに自国民を取捨選択《しゅしゃせんたく》して、飛び去っていく。

北朝鮮が破綻国家というのは中傷《ちゅうしょう》や批判《ひはん》ではない。客観事実《きゃっかんじじつ》だ。人口がもともと最大でも二千数百万しかいなかった小国が、亡命者《ぼうめいしゃ》（脱北者《だっぽくしゃ》）の証言では三百万人以上が飢《う》え死《じ》にしたという。餓死《がし》は、その後も止まってはいない。

少なからぬ拉致被害者を、むしろ絶望《ぜつぼう》させたかも知れない政府専用機には、さらに驚《おどろ》く事実もある。ぼくが記者時代に搭乗《とうじょう》したとき、この国民の財産《ざいさん》をよく調べようと政府高官たちに交渉《こうしょう》をして、マスメディアに非公開の部分も見ていった。そして日本の空港でも、海外でも航空管制官に「This is Japanese Air Force One.（こちら日本空軍一号機）」と無線連絡《むせんれんらく》している機長の声を聞いた。一体いつ、航空自衛隊をやめて日本空軍をつくったのか。もちろん、アメリカ大統領専用機《だいとうりょうせんようき》の「エアフォース・ワン」と同じ言い方でもある。国民の知らないところでこんな風に名乗っている自衛隊機が、北朝鮮にされるがままだ。ぼくは情けなくて声が出なかった。

自衛隊の責任とは言えない。ぼくら国民が、みずから選んだ内閣総理大臣《ないかくそうりだいじん》を通じて、自衛隊に何を命じるのかだけが、問題であり、すべての責任はぼくらにある。

しかしこれを逆にみれば、ぼくら主権者、日本国の主人公さえ変われば、すべて音を立てて変わっていくということだ。

●四の節

ぼくらの日本は、戦争に負けたからという理由で国軍、国民軍を持たず、自衛隊を持つ。

その自衛隊は、戦争が起きたと確実《かくじつ》にわかって、政府が「出動してよい」と決めない限《かぎ》りは、一切、動けない。

だから、横田めぐみちゃんを奪い去る小舟《こぶね》や母船が勝手に日本の海に入っていても、海上自衛隊は何もできない。政府が「戦争が起きた」と認めていないからだ。

もう起きないような古い戦争でしか、動けない。それは当たり前だ。まだそんな古い戦争、すなわち朝鮮戦争（一九五〇年）が起きていたとき、自衛隊の前身である警察予備隊《けいさつよびたい》がつくられたのだから。

だから北朝鮮のような外国からみれば、たったふたりの工作員で音もなく日本国民を奪い去るという新しい戦争をやるとき、自衛隊を心配しなくてもいい。

そのために、百人を超えるかも知れない、たくさんの日本国民がやすやすと拉致されていったのだ。

それだけではない。自衛隊は、戦争に負けた国の自衛隊だから、二度と外国へ行って戦ってはならないということになっている。日本国民をなかば公然と監禁《かんきん》していても、自衛隊が取り戻《もど》しに来る心配は、北朝鮮にもどこの国にもないわけだ。

前述したように、日本は戦争に負けたから自衛隊になった、そうでなければいけないと、ぼくらはみな教わってきた。しかし、これも前述の通り、諸国《しょこく》は戦争に負けている。では、その世界の国々に自衛隊はあるか。

ない。

何があるか。国軍がある。

自衛隊は、世界でたったひとつ、このぼくらの日本にしかない。

国軍と自衛隊は何が違《ちが》うか。

どこの国の国軍でも、兵士は、たとえば休暇《きゅうか》で制服《せいふく》を脱《ぬ》ぎ、ふるさとへ帰っているとき、ふるさとの海岸でバドミントンのラケットを持った女子中学生が、ふたりの男に殴られて連れ去られそうな現場《げんば》にぶつかれば、そのふたりを倒《たお》そうとする。

ふだん訓練している兵士だから、腕力《わんりょく》が強くて、そのふたりが重いけがを負うこともあるだろう。場合によっては死ぬこともある。

しかし、その兵士は決して罪に問われない。政府が「国軍は動いてよい」と決めていても決めていなくても関係なく、いつだって、国民を救うのが任務《にんむ》だからだ。

罪に問われるどころか、兵士は、十三歳の中学生を救ったヒーロー、ヒロインになる。

ところが、同じ現場で自衛官なら、どうなるだろう。

世界中の国家で自衛官だけが、事前に政府（内閣）に「動いていいよ」と決めてもらっていなければ、もしも、このふたりを倒そうとしてけがをさせれば、自衛官は、傷害罪という罪に問われ、もしもふたりが死ぬようなことがあれば、殺人罪に問われる。

なぜ自衛隊だけが、日本だけがこうなのか。

それは、世界の諸国民のうち日本国民だけが学校でも社会でも「祖国」を教わらないことと、とても深い関係があるのじゃないか。

そのように、教わるひとも教えるひとも区別なく、立場や世代の違いも乗《の》り越《こ》えて、それぞれがみずからに問うていくことが、もはや間違いなくすべての始まりだ。

永遠の声の章

南三陸町防災庁舎（2011年4月23日）。

防災庁舎の足元に花と手紙。

遠藤さんらの志を伝えようと電話でテレビ番組に参加（出演）。

防災庁舎の前の川に車が沈みゆく。

特別許可を得て、まず20キロ圏内に入る（2011年4月15日）。

福島第一原発入りの許可を出してくれた吉田昌郎所長と構内の免震重要棟で議論する（2011年4月22日）。

破壊された原子炉建屋4号炉で車を降り、裸の現実をみる。ぼくの指さす先では建屋のシャッターが開いていた（2011年4月22日）。

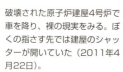

白梅の塔の下で、学徒看護隊生き残りのみなさんと祈りを捧ぐ。

塔は背筋を伸ばして美しく、みな永遠に同級生だ。

名を刻んだ石碑を清める、独研（独立総合研究所）の秘書。

本土の女性歌手が歌と花を捧げたあとの自決壕。

秋田県
岩手県
南三陸町役場の「防災庁舎」跡
南三陸町
山形県
仙台市
福島県
福島第一原発
0
40km

●一の節

祖国《そこく》は、二〇一一年の早春、三月十一日の午後二時四十六分に、永遠《えいえん》の時を刻《きざ》んだ。

春の淡雪《あわゆき》が舞《ま》う東北をはじめとする東日本を大震災《だいしんさい》が襲《おそ》い、行方《ゆくえ》が今も分からないかたがたを含《ふく》め二万人近い国民をほとんど一瞬《いっしゅん》のうちのように喪《うしな》い、いかなる専門家《せんもんか》も見たことのない原子力災害が引き起こされた。

これは、われらに何をもたらすのだろう。

それを真正面から考えるには、現場《げんば》に行くほかない。

その決意は、震災の始まった当日から定まっていた。と言っても、特別な決意ではない。ザ・ゲンバに行き、おのれのナマの身体《からだ》と魂《たましい》でぶつかって考える、それは淡々《たんたん》といつも変わらない原点だ。

3・11のその時、ぼくは新幹線《しんかんせん》の車中にいた。

ふつうの状態《じょうたい》ではなかった。個人的《こじんてき》なことではあるけれど、この小さな書でささやかな語《かた》り部《べ》を務《つと》める男が、実際《じっさい》にどんな生き方をするかを、ありのままに語ることも、すこしだけは必要だろう。

ぼくは震災が発生する前月の二月、大腸癌《だいちょうがん》を手術《しゅじゅつ》していた。父方も母方も長寿《ちょうじゅ》の家系《かけい》で、癌死はほとんどなく、一族は「どんな無理を重ねる生活をしているのか」と、あらためて懸念《けねん》したようだった。

現実のぼくは、さまざまな仕事で交わした約束を、そのまま遂行《すいこう》してきただけのことだった。肉体は確《たし》かに想像《そうぞう》を絶《ぜっ》するほど酷使《こくし》していても、精神《せいしん》は穏《おだ》やかで無理はあまりなかった。

ぼくは、いくつかの仕事を持っている。小さい頃《ころ》から「なろう」と思って、なったのは、物書きだけだ。あとの仕事は計画したのじゃない、準備《じゅんび》したのじゃない。おのれの意思は大切にしているが、自然な流れが、仕事を決めた。ひとつの仕事が、予期しないほかの仕事の前段《ぜんだん》になり、そのように広がってきた。拡《ひろ》げたのじゃない。

そうです、天が決めている。

天はすべてをご覧《らん》になっている。嘘《うそ》をついても意味がない。

ぼくは、日本国を始められた神さまのひとりである天照大神《あまてらすおおみかみ》という存在《そんざい》に、胸《むね》のうちで深く感嘆《かんたん》する。アマテラス、世界を照らす、人間世界をすべてご覧になっている。

ぼくらはみな、敗戦後の同じ教育を受けている。ぼくが客員教授《きゃくいんきょうじゅ》として国際関係論《こくさいかんけいろん》を講《こう》じている近畿大学経済学部《きんきだいがくけいざいがくぶ》に毎年、十八歳《じゅうはっさい》の新入生がやって来る。いわば毎年、ぼくと年齢《ねんれい》、世代が開いていくわけだ。それでも彼《かれ》らが受けた教育は、ぼくと本質《ほんしつ》が変わらない。

……天照大神なんて神話の話であり、神話だから当てにならない話であり、大切に考えたりすれば戦前の「軍国主義《ぐんこくしゅぎ》」に戻《もど》り、また戦争になるからね、近づかないでいなさい。

こういう教育だ。

しかし、そうなのか。

神話は、その民族の秘《ひ》めた哲学《てつがく》、理念を指《さ》し示《しめ》している。ほんとうは神話だからこそ大切なのだ。

ギリシャ神話が好きだと言えば（ぼくも高校生まで愛読し続けた）、なんだかお洒落《しゃれ》な話になり、日本神話が好きだと言えば、右翼《うよく》かも、と警戒《けいかい》される。

不可思議《ふかしぎ》な話ではないか。

世界の民族がそれぞれ育《はぐく》んだ神話をおたがいに尊重《そんちょう》することが、いちばん、戦争から遠い。

仕事が自然に広がり、重なりあい、それでいて目指すものが共通してゆき、ただひとつに収斂《しゅうれん》していくうち、ぼくは気がついたら、「天はすべてをご覧になっている」という信念を持つようになっていた。

それがアマテラスと通じ合っていることにも気づくとき、日本に生まれたほんとうの意味あいを感じた。

そうやって生まれてきた仕事の、主要なひとつが、日本初の独立系《どくりつけい》、すなわち銀行や保《ほ》険会社《けんがいしゃ》、証券会社《しょうけんがいしゃ》などのヒモの付《つ》いていない民間シンクタンクである独研《どっけん》（独立総合研究所《どくりつそうごうけんきゅうしょ》）の社長だ。研究所だから、首席研究員も兼《か》ねている。

独研の仕事は、民の力で官を改革《かいかく》し、日本を甦《よみがえ》らせることに集中している。集中していると同時に、社会科学から自然科学まで多岐《たき》にわたる。当然だ。日本国を甦らせるには、包括《ほうかつ》の国家戦略《こっかせんりゃく》が欠かせない。

日本社会で、民間から国家を立て直そうとする試みは、曲解《きょっかい》というより下司《げす》の勘《かん》ぐりと言うほかない嫌《いや》がらせを受ける。国家は官僚《かんりょう》や政治家《せいじか》が動かすものと決まっているという思《おも》い込《こ》みがある。

しかし、ぼくも独研も、士道を貫《つらぬ》くだけである。約束を守り、不正を排《はい》し、私《わたくし》を脱《だっ》し、祖国のために信ずるところをおこなう。

ぼくは身体が丈夫《じょうぶ》なたちで、病気らしい病気の経験がなかった。しかし震災が音もなく近づいていた二〇一一年の冬から早春にかけて、まず尿管結石《にょうかんけっせき》の激痛《げきつう》が起こり、報道《ほうどう》テレビ番組の生放送でプロデューサーが痛《いた》み止《ど》めの座薬《ざやく》を持って見守るなか、どうにか、ふつう通りに語った。

その痛みが続くなか講演先《こうえんさき》で肺炎《はいえん》となり、重症化《じゅうしょうか》して右肺が真っ白になっているレントゲンを見せられた。東京都内《とうきょうとない》の自宅《じたく》近くの開業医は「死にますよ」と仕事を止めた。その医師《いし》に、ぼくの肺炎が人にうつらないことを確認《かくにん》して、点滴《てんてき》と投薬で出張《しゅっちょう》に出た。講演の約束があったからだ。

そのころすでに癌の告知を受けていた。

癌はやはり死を想起させる。大きな病院の検査室《けんさしつ》で、ぼくの大腸に内視鏡《ないしきょう》を入れていくと、巨大《きょだい》な肉色のポリープが現れた。ぼくは医師と一緒《いっしょ》にそいつをナマの映像《えいぞう》で見ながら『こんなにぶくぶく醜《みにく》く大きくなっているポリープだから、癌だろう。死がここにあるのかな』と考えた。若《わか》い医師は「青山さんが癌になるはずはありません」となぜか言い

「ただの良性ポリープだと思います」と声を大きくした。しかし病理検査《びょうりけんさ》で癌が確認されると、ぼくよりも明らかに落ち込んだ。そんなに気にしてくれて、ありがとう、うれしかった、誠実《せいじつ》なお医者さま。

死が姿《すがた》を現《あらわ》して、おのれ自身がどう変化するか、ぼくは興味津々《きょうみしんしん》でじっと見守った。変化はなかった。いや、むしろ気持ちは、しっとりと静まった。約束の仕事をすべてこなしていった。そのあいだに転移《てんい》するんじゃないかと、それはすこし心配だったが、それもすべて天が決めると腹《はら》の底から考えていた。ばたばたと生き方を変えたりは、致《いた》しませぬ。癌の告知から三十七日が過《す》ぎてから日程《にってい》をあけることができて、手術を受けた。

癌はごく早期だったが、大病院の副院長は、転移を避《さ》けるために腸を大きく切り取った。立派な成功手術だった。腹《はら》には縦《たて》に、長い山脈のような傷《きず》が盛《も》り上《あ》がった。全身麻酔《ぜんしんますい》が切れると信じがたいほど痛んだ。しかし約束の仕事をキャンセルしないために副院長をはじめ医師団の許可を得て、五日で退院した。そのせいか、激《はげ》しい腸閉塞《ちょうへいそく》を引き起こした。

それとは知らずに、凄《すさ》まじい新たな痛みにのたうち回りつつ仕事をし、大病院の副院長に連絡《れんらく》すると、「様子を見てください」ということだった。しかし痛みと嘔吐《おうと》のあまりの烈《はげ》しさに、自宅近くの開業医に診《み》てもらうと、医師は、まもなく小腸から破裂《はれつ》が始まって死ぬだろうと告げた。ぼくは「講演に行かねばなりません」と応《こた》えた。

医師は、小さな丸い目を見開いて、ぼくに顔を近づけて「青山さん、ほんとうに死ぬんだよ。こないだの重症肺炎《じゅうしょうはいえん》の時も死にかけていたけど、あの時は、あなたの体力で乗り切った。今度は体力があっても、死ぬよ。だって腸が破裂するんだから。講演に行けば、舞台《ぶたい》の上で倒《たお》れて、そのまま死に至《いた》る」と言った。

ぼくは、この開業医の診断力《しんだんりょく》を信頼《しんらい》している。誤診《ごしん》も、誇張《こちょう》もないと考えつつ、「今日の講演だけは行かねばなりません。テレビ放送で、お知らせしてしまったから、沢山《たくさん》のひとがきっと来ます。お知らせしたのは、ぼくです。約束は守ります」と答えた。

医師は、のしかかるように、ぼくの眼《め》を覗《のぞ》き込《こ》んだまま「ほんとうに、ほんとうに行くんですか」と聞いた。

ぼくが短く「はい」と答えると、開業医は大病院の副院長に電話し、「なぜこんな腸閉塞がありながら様子を見させたか」と厳《きび》しく問うたあと、今日をどう乗り切るのか、協議してくれた。大病院の権威《けんい》を恐《おそ》れないこの医師に、ぼくは真《ま》っ直《す》ぐな魂《たましい》を感じた。

開業医は点滴を四回、おこなってくれた。いくらか痛みが軽くなった。医師は新幹線を薦《すす》めたが、病院に行ったために、もはや時間がなく、飛行機で大阪《おおさか》へ飛んで、そこから尼崎《あまがさき》の会場へたどり着いた。楽屋口から入ろうとすると、表に長い列でひとが並《なら》んでいるのが見えた。来て良かったと思った。講演を終えると、帰りは新幹線に乗った。一度も座席に座《すわ》ることができず、車掌《しゃしょう》さんに断《ことわ》ったうえでトイレに籠《こ》もり、なぜか蟹《かに》さんのごとく白い泡を吹《ふ》き続け、吐《は》くものもないのに吐き続《つづ》け、永遠《えいえん》とも思える長い四時間を経《へ》て、品川駅《しながわえき》に着いた。

救急車を呼《よ》ぶのは大仰《おおぎょう》と思えたから、タクシーで、もともと入院していた大病院に向かった。出迎《でむか》えた副院長は、ぼくの腹を診て、同行していた青山千春博士《あおやまちはるはかせ》に「これでほんとうに講演に行ったのですか」と聞いた。

独研の自然科学部長であり、私的《してき》にはぼくの配偶者《はいぐうしゃ》でもある青山千春博士は「はい」とだけ答えた。青山千春博士は、ぼくの癌の告知のときも一瞬だけ顔をわずかに変えただけで、あとは終始、ふつうにしていた。

そして大病院に再《ふたた》び入院し、腸閉塞もある程度《ていど》は収《おさ》まり、副院長の許可《きょか》のもと、再び新幹線に乗って、講演の約束があった兵庫県姫路市《ひょうごけんひめじし》に向かうとき、新幹線は静岡県《しずおかけん》の安《あ》倍川《べかわ》を渡《わた》る途中《とちゅう》で、急停止した。

「ただ今、東北地方で大地震があった模様《もよう》です。新幹線は全線停止します」とアナウンスがあった。年配の車掌さんの声が、ありありと緊張《きんちょう》している。

●二の節

車掌さんのアナウンスを聞いて、まず新幹線のなかに、このまま閉じ込めになることを覚悟《かくご》した。数時間では済《す》まないだろう。数十時間か。

腸閉塞で死に直面したことから完全には快復《かいふく》していない身体のことはちらり、考えた。しかし自分の身体より正直、地震の被害《ひがい》を把握《はあく》したかった。ぼくの専門分野のひとつは、危機管理《ききかんり》だ。

入院先から医師の許可のもととはいえ出張に出ているぼくを、看護師《かんごし》さんや医師も心配するだろう。だけど病院そのものが、震源《しんげん》らしい東北からある程度の距離《きょり》のある東京都内であっても、大勢《おおぜい》の入院患者《にゅういんかんじゃ》を抱《かか》えて大変だろう。そう考えた。

新幹線車中は、情報《じょうほう》が途絶した細長い閉鎖空間《へいさくうかん》に一変していた。車掌さんのアナウンスは、内容《ないよう》は最初とほぼ同じ言葉を繰《く》り返《かえ》すだけなのに、口調は一段と昂奮《こうふん》と緊張を強めている。

やがて携帯電話《けいたいでんわ》が奇跡的《きせきてき》にしばらくのあいだだけ通じた。独研（独立総合研究所）の総《そう》務部秘書室第一課《むぶひしょしつだいいっか》の、ヨネこと米岡仁恵《よねおかひとえ》秘書の声が聞こえてきた。

体育大学を卒業してプロのダンサーだったというユニークな経歴を持つ彼女は、しっかりした明るい声で出てきた。だが電話の中身は、ただならぬものだった。独研の近くのビルから巨大な黒煙《こくえん》が噴《ふ》き上《あ》がり、火災が発生、独研の社内では大きな重いラックなどが耐《たい》震措置《しんそち》も吹き飛ばしてどっと倒れ込み、社員が屈《かが》み込《こ》んだ机《つくえ》に激しくぶつかった。机の下に入っていなかったら、大怪我《おおけが》をするところだった。大揺《おおゆ》れが小康状態になると社員たちはいったん外に避難《ひなん》し、米岡秘書は隣接《りんせつ》する警察署《けいさつしょ》に全体の情況《じょうきょう》を聞きに行った。その警察署がふだんからタスクフォースをつくって、独研が嫌がらせやテロリズムに遭《あ》うことを警戒してくれていることもあった。

ぼくは若い米岡秘書がいざとなったら、沈着冷静《ちんちゃくれいせい》な行動をとることに感嘆した。現代日本の女性は、強いなぁ。がんばれ働く女性、これからも。

独研の社長秘書の仕事は生易《なまやさ》しくない。社長のぼくの仕事が複雑《ふくざつ》に多様であることに加えて、常人《じょうじん》では考えられないと言うほかないほど詰《つ》まりに詰まった日程にそのまま付き合わねばならないからだ。

秘書室には、日程を調整する第一課と、ぼくに同行するのが主任務《しゅにんむ》の第二課がある。ただし、それぞれ一人づつしかいない。独研には凄まじい量の電話がかかり、奇怪《きかい》な電話も少なくない。それに動じず電話やEメールを静かにさばいて、調整すべきは間違《まちが》いなく調整しなければならない。

二人の秘書はいずれも若く、ふだんは失敗もある。小失敗だけじゃない。大失敗もやらかす。ところがいざとなれば、新幹線車中に閉じ込められたであろうぼくのために、警察署の現場で情報収集《じょうほうしゅうしゅう》までやってのける。

独研社員のうち、研究本部の研究員は、政府をはじめとする官に対して、主に危機管理とテロ対策《たいさく》をめぐって「ここを改革すべきだ」と純然《じゅんぜん》たる民間の立場から、真っ直ぐに問題提起《もんだいていき》するのが仕事だ。だから官と向かいあうのは慣《な》れている。しかし総務部の秘書室はふだん、地味に縁《えん》の下《した》で働いているだけだ。

それがいざとなったら、社長が指示《しじ》しなくとも前面に出る。

「自分の頭で考えませんか」と日本国民に発信しているぼくは、おのれの足元がこんなにそれを実践《じっせん》していることに、新幹線車中でカンゲキした。

隣《となり》の席には、独研の自然科学部長、青山千春博士がいる。その日はたまたま、秘書室

第二課の押川唯《おしかわゆい》秘書ではなく、青山千春博士がぼくに同行していた。

ぼくが「ヨネ、やるなぁ。危機に強いね」というと、人事担当役員《じんじたんとうやくいん》でもある青山千春博士は、黙《だま》って頷《うなず》き、窓《まど》の方を向きながら横顔でにっこりした。

日本女性で初めて、甲種船長《こうしゅせんちょう》（大型船《おおがたせん》の船長）の資格《しかく》をとった青山千春博士は、こういうときまるで海軍士官のように男っぽい。

●三の節

このヨネの貢献《こうけん》と、政府当局者《せいふとうきょくしゃ》とのEメール交換《こうかん》と、モバイル・パソコンでのインターネット接続《せつぞく》でぼくは、ごく大まかにではあるが凄絶《せいぜつ》な被害が東北地方を中心に出ていることを知った。

そのなかで原子力発電所は地震発生とほぼ同時に、原子炉《げんしろ》がすべて自動停止したと知った。

ぼくの仕事の根幹のひとつは、民間の立場から国家安全保障《こっかあんぜんほしょう》に関与《かんよ》することだ。国民を護《まも》ることを戦勝国アメリカに任《まか》せ、敗戦国の体制《たいせい》にいつまでも甘《あま》んじている日本の官僚に、ぼくら国民は長年、任せてきた。その、民《みん》の意識《いしき》をいつか変えるために、わずかながらに寄与《きよ》することが目標だ。

ぼくが生きている間は、徒労に終わってもいい。ぼくは無駄《むだ》に死ぬ。独研の掲《かか》げた灯火が、ぼくの死後も続くのなら、いつかは国民が立ちあがる。

その国家安全保障の柱の一本は、資源《しげん》とエネルギーだ。その仕事のなかに、原子力のリスクを下げることも含まれている。共同通信《きょうどうつうしん》を去ってまずは三菱総合研究所《みつびしそうごうけんきゅうしょ》（三菱総研）に移籍《いせき》した最初から、「原発は日本の準国産エネルギーとして大切な選択肢《せんたくし》だ。しかし、原発の重大なリスクを見ないことにしている現状を変えることが条件《じょうけん》であり、変えねばならない」と官にも民にも問題提起《もんだいていき》してきた。

官は、資源エネルギー庁《ちょう》だけではない。危機管理を担《にな》う警察庁、防衛省《ぼうえいしょう》・自衛隊《じえいたい》、海上保安庁、そして統括《とうかつ》を担う内閣官房《ないかくかんぼう》だ。民は、原発を持つ十の電力会社すべてであった。

ぼくは政治部の記者を務めていた共同通信を、ペルー日本大使公邸人質事件《にほんたいしこうていひとじちじけん》をきっかけに辞めた。共同通信を辞めるというより、ほんとうは記者であることを辞めた。

西暦《せいれき》一九九七年、平成九年、日本のオリジナル・カレンダーである皇紀《こうき》では二六五七年の大晦日付《おおみそかづけ》で、共同通信を去り、翌日の元旦付《がんたんづけ》で、三菱総研に入社した。

そのとき四十五歳だった。記者を天職と考えていた。それを辞めるのだから、「以下、余生《よせい》なり」と思い定めた。

ぼくが重症肺炎で死に直面し、癌の告知と手術を受け、そのあとの腸閉塞で、より間近に死に近づいたとき、こころ騒《さわ》ぐことなく約束の履行《りこう》に集中したのは、今を余生と決めていたことが、ほんとうは深く影響《えいきょう》していた。

決めた生き方は変えない。

それにイラク戦争でイラク兵に逮捕《たいほ》されて殺害されようとしたことをはじめ、ぼくのさやかな死生観は現場でごく自然に、淡々と、切磋琢磨《せっさたくま》されてきた。

武士道といふは死ぬことと見つけたり。

江戸時代の書「葉隠《はがくれ》」にある、この言葉は、死ねというのではない。生きよと告げている。それをそれと知ったのも、頭だけで考えたのではなく、現場からそこはかとなく湧《わ》きあがってきた感覚だった。

人生は、自分のためだけに生きていれば、つまらない。生きよ、ひとのために生きよ。生きよ、公のために生きよ。おのれ以外のためにこそ生きよ。

それが真意ではないだろうか。

この言葉を遺《のこ》した武士、山本常朝《やまもとじょうちょう》の隠《かく》された意思を、はるか中東イラクの地で感じた。

話を戻すと、記者を辞め、以下余生なりと思い定めたとき、『他者を批判《ひはん》することが仕事のすべてであった記者職を辞める以上は、余生は、実務家として生きよう』と決めた。

その実務家としての主要な目標のひとつは「敗戦から今に続く日本を真に独立させるために、自前の資源・エネルギーを持つ」ということだった。

祖国は、戦前から自前の資源を持たなかった。そのために、アメリカなど連合国が日本の資源《しげん》輸入《ゆにゅう》ルートを封鎖《ふうさ》したことに対し、突破口《とっぱこう》を開くために、帝国海軍連合艦隊《ていこくかいぐんれんごうかんたい》の山《やま》本《もと》五十六《いそろく》司令長官《しれいちょうかん》は、ハワイの真珠湾《しんじゅわん》を攻撃《こうげき》せざるを得なかった。

アメリカとは戦うなという昭和天皇《しょうわてんのう》の御心《みこころ》をもっともよく知っていたひとりが、この世界屈指《せかいくっし》の名将《めいしょう》、山本司令長官であり、アメリカと最後まで戦えば負けることを、一番よく分かっていたのも、アメリカに駐在武官《ちゅうざいぶかん》として赴任《ふにん》しハーバード大学に学んだ山本長官であった。

その戦争が終われば、二度と負ける戦《いくさ》をせずとも済むように、自前の資源を持とうとするのが当然である。

ところが日本社会は、まるでこっちの方が当然のように、勝ったアメリカやイギリスの支配する国際メジャー石油資本の言いなりに石油や天然ガスを買い続けてきた。

原子力発電も、ウランを外国から買わねばならない。しかしウランは、世界中から採《と》れるから国際メジャー石油資本の支配を受けにくい。

それだからぼくはエネルギー安全保障《あんぜんほしょう》の実務家として「原子力は大切な選択肢」と言い、同時に、前述《ぜんじゅつ》の官と民に、こう直接、問題提起した。共同通信から三菱総研に移《うつ》った一九九八年のことである。

「日本の原発にはリスクがないと、官も民も国民に説明しているのは、嘘ではないか。日本の原子力技術《げんしりょくぎじゅつ》は確かに優秀《ゆうしゅう》だ。危機のとき、原子炉はすべて止まるだろう。原発の危機とは、ひとつに地震・津波《つなみ》・台風の自然災害、ひとつにヒューマンエラー（人間の犯《おか》す間違い）による事故《じこ》、もうひとつにテロリズムの三つだ。そのいずれに対しても、原子炉は止まるだろう。しかし、炉が止まったあとのリスクを考えないのはおかしい。止まっても炉の中には核生成物《かくせいせいぶつ》の崩壊熱《ほうかいねつ》があるはずだ。たとえばテロリズムによって、冷やせなくなれば、その高熱が巨大なリスクになるはずではないか。まずは、そこをきちんと、調査研究すべきだ」

しかし記者を辞めて三菱総研の研究員になったばかりの一人の無名の男が、いくらそれを言っても、官と民でつくる強固な原子力村は、最初はぴくりとも反応《はんのう》しなかった。

●四の節

記者時代のぼくは、共同通信記者の名刺《めいし》があって、その分野の担当記者であれば、たとえば巨大な電力会社の社長でも会長でも、秘書などの同席はあるが、実質的《じっしつてき》に一対一で会うことができた。ただし、それはただ一度切りである。「挨拶《あいさつ》」という名目があるときだけだ。あとは記者クラブによる「記者会見」と「記者懇談《きしゃこんだん》」で記者集団《きしゃしゅうだん》で会うだけになる。

それが日本のマスメディアの日常だ。

日本新聞協会に加盟《かめい》している新聞社・通信社、あるいは民間放送連盟に加盟している放送局に属《ぞく》する記者かNHKの記者であれば、そこまでは誰《だれ》でもできる。

逆《ぎゃく》に言えば、ふつうに記者クラブに朝、顔を出し、ふつうに昼も夜も過《す》ごしているのであれば、それ以上のことは何もできない。

新聞・通信の記者であれば、官と民から提供《ていきょう》される横書きの発表資料を、縦書きの記事に変えるだけである。テレビ・ラジオの記者であれば、アナウンサーの話し言葉に変えるだけだ。重大ニュースの起きない時はそんな日常だ。

ぼくが今も現役の共同通信記者なら、以下のことは書かないが、ぼくはそのような記者生活は、しなかった。最前線の当事者、あるいは決定権《けっていけん》のある当事者に、食い入って分け入って、早朝や深更《しんこう》にまったくの一対一で会い、違う当事者から直接に聴《き》いた情報をソース（情報源）はフェアに秘匿《ひとく》しつつぶつけて、その反応から新しい情報を得て、それをまた別の当事者にぶつける。

そうしているうち、国民が知るべき情報が浮《う》かびあがってくれれば、もう一度裏《うら》を取り、確認してから記事にし、デスクの判断《はんだん》を待《ま》った。

ぼくが共同通信を辞めるとき、ぼくを本心ではきっと「若い後輩《こうはい》のくせに生意気だ」と嫌《きら》っていたであろうデスクが、送別会で挨拶に立ち、「青山くんを惜《お》しむ。共同通信政治部では、この男だけが、ハンター、狩人《かりゅうど》だった」と語った。

ぼくは、黙って聴きつつ、胸のうちで「なるほどナァ」と呟《つぶや》いた。

ぼくは、ほんとうは狩人ではなかった。

むしろ深い森のなかを、次には何にぶつかるのだろうと、手探《てさぐ》りで歩いていたに過ぎなかった。獲物《えもの》を得ようとする野心は、薄《うす》かった。使命感は、あった。いい記者がいなければ民主主義社会は闇《やみ》だと、強く信じていた。記者でなくなった今も、それは変わらない。しかし記者仲間や、社内の先輩、後輩にそれを語ることはほとんど無かった。そんな、照れくさいことはできないよ。

この、大学時代は全共闘《ぜんきょうとう》の議長だったというデスクは「野心家だ」とぼくをみていて、送別会で、讃辞《さんじ》でもあり批判でもあり、ハンターなんて言葉を使ったみずからの修辞《しゅうじ》を自慢《じまん》もしたいという、盛りだくさんな挨拶をなさったのだろう（全共闘とは、ぼくの世代よりずっと上の時代に、大学を変えようと学生がつくった運動体）。

実は、あなたが隠れた野心家なのだ。

ぼくは別れの盃《さかずき》を干《ほ》しながら、そう考えた。そして、デスクに嫌悪はまったく感じなかった。野心家は、世に沢山いる。

ひとがひとを誤解してみるとき、それは、その誤解するひとの本性《ほんしょう》、欲望《よくぼう》が露見《ろけん》している。

記者の時代からすこし気がついていた。

いま、ぼくの発信であれ、独研の仕事であれ理不尽《りふじん》な誹謗《ひぼう》、愚《おろ》かしい中傷《ちゅうしょう》を、ときには汚水《おすい》の洪水《こうずい》のように浴びながら、それを実感している。現在の日本社会で、そしておそらくはこれからの日本社会でも起きるネットを悪用した誹謗中傷とは、その誹謗中傷をしているご当人が、おのれを照らす鏡である。

話が逸《そ》れた。意味のある逸れ方だとは思う。しかし元に戻そう。

記者時代は、いわば「エライひと」に会うのが職責だった。しかし実務家になった以上は、現場の技術者に会って議論することも、大切な職責だと考えた。

ぼくは慶應義塾《けいおうぎじゅく》大学《だいがく》の文学部を誰にも相談しないで勝手に中退《ちゅうたい》し、その二か月ほどあとに早稲田大学《わせだだいがく》の政治経済学部を受験し直して入り、卒業した。ひとりで早慶戦《そうけいせん》をやっていたおかしな学生だが、根っからの文系である。

しかし原発の真のリスクを探るのに、文系だ理系だと言っている場合ではなかった。日本社会は、学生時代の文系、理系の色分けに拘《こだわ》りすぎる。社会に出てから、どんな使命に出逢《であ》うか。それだけだ。そのとき文系だ、理系だと言って使命を避けるのか。

おのれの使命を大切にしなさいという言葉が、葉隠の「武士道といふは死ぬことと見つけたり」でもある。

日本中のサイト（原子力発電所の現場）を回りに回って、技術者に会って、会って、会って議論した。

そのときは論点を絞《しぼ》り込《こ》んでいた。「何らかの非常事態《ひじょうじたい》で原子炉は自動停止する。止まったそのあとのリスクは、ほんとうはどんなものか」、「特にテロリズムに襲われて冷却《れいきゃく》が止められたら、何が起きるのか」である。

驚《おどろ》いたことに、このことは過去《かこ》、一度も日本で議論されたことがなかった。

ぼくは世界の原発をも回った。アメリカ、イギリス、ドイツ、スウェーデン、韓国《かんこく》、ほかの国もあるが、この五か国が皮切りだった。

五か国はそれぞれ原発をテロのリスクから護る手法が独特なのだ。たとえばアメリカは、民間警備員が重武装《じゅうぶそう》して護る。ただし海兵隊や特殊部隊《とくしゅぶたい》の出身者が多く、民間といっても武装ヘリからの展開訓練《てんかいくんれん》までやっている。イギリスは対照的に、当時は非武装、丸腰《まるごし》の警備員しかいなかった。韓国は、原発によっては地対空ミサイルまで備《そな》えている。北朝鮮《きたちょうせん》が原発を狙《ねら》い撃《う》ちにしてくるのを警戒している。

各国とも、そこまで強力に警備しながら、テロリストに水を止められたり、電気を止められたりするだけで冷却ができなくなり、悲惨《ひさん》な事態になるのではないかという想定は、ほとんど無かった。日本だけが想定していなかったのではないのだ。

しかし日本では、この海外事情が「何もやらない。対策をとらない」ことの口実になる。というより至極《しごく》、正当な理由になってしまう。

他国は関係ない。日本がどうするかであり、日本は現実に北朝鮮に多数の日本国民を誘拐《ゆうかい》テロによって奪《うば》われている。それだけではない。北朝鮮は、福井県《ふくいけん》の若狭湾《わかさわん》をはじめ原発の立地場所に的を絞って、工作船や、工作員の水中スクーターを数多く侵入《しんにゅう》させている。

だからこそ原発の技術者に「ほんとうのリスクは何ですか」と尋《たず》ねるのだが、どのひともどのひとも「いや、青山さん、原発は原子炉が無事に止まれば安全です」と答えるだけだった。

●五の節

そのなかで、原子力《げんしりょく》一筋《ひとすじ》であったMさんというひとりの技術者が、一年を超《こ》えてぼくと会い続けてくれ、そしてついに二〇〇〇年の早春に、こう言った。

「青山さん、では、ほんとうのことを言いましょう。これはうちの社（電力会社）でも、ごく限《かぎ》られた人間しか知りません。原子炉がちゃんと止まっても、そのあとの冷却ができなくなれば地獄《じごく》が始まります」

わたしはこれを政府当局者に、ありのままに伝えて官民の区別なく議論する場をつくった。わたしが良心派《りょうしんは》と考えていた当局者は、その議論の場でこう言った。

「では、原発では何が起きても安全だと、私が国会で答弁《とうべん》したのは間違いでしたね。しかし安全保障については、テロリストの側に情報を与《あた》えないために、すべてを明らかにすべきではないという側面もある。どうやってこの原発リスクを減《へ》らすか、これから協議しましょう」

その通り、官と民と、その間にわたしも入って協議は始まり、翌年《よくとし》の二〇〇一年にアメリカで9・11同時多発テロが起きて、協議のなかから現実に新しい取り組みも生まれた。

それは、世界で唯一《ゆいいつ》、日本だけが、国内のすべての原子力発電所に武装警官を二十四時間常駐させ、その武器も、それまでのニューナンブという旧態依然《きゅうたいいぜん》の拳銃《けんじゅう》ではなく短機関銃MP5を備えて、原発を狙うような恐ろしい意図と実力を持つテロリストに抑止力《よくしりょく》を備えることだった。

しかし一方で、「冷却が止められたら、どうなるか」ということには、ほとんど何も新たな対策はとられない。

官僚の言葉に「喫緊《きっきん》の課題」というのがある。小中高生どころか、大人でも分からなくて当然の小難《こむずか》しい言葉である。これは、「とりあえずは」ということに過ぎない。「とりあえずは、これのみを急ぎ、やりましょうか」というだけである。

わざわざ国民に分かりにくい言葉を選ぶのは、国民が主人公である民主主義への背信《はいしん》だ。

原発のリスクをめぐる「喫緊の課題」は、やはり原子炉のある建屋を強固に護り直すことだとされて、協議は実に十三年を超えて続いている。協議が堂々巡《どうどうめぐ》りをしていたのではない。常駐警備の実現に始まって、大小さまざまな改善《かいぜん》の実現はあった。ところが「冷却が止まったら」という課題だけは議論がいっこうに深まらなかった。

なぜか。

民、すなわち電力会社の側から、どうしても詳《くわ》しい情報提供がなかったからだ。政府当局者も、良心派のひとは、ずっとこの「冷却リスク」を懸念し、問い続けていたが、他の政府当局者の多くは、情報を提供しない電力側とむしろ歩調が合っていた。

二〇一一年三月十一日に非常停車した新幹線の車中で、「原発はすべて原子炉が自動停止した」と聞いて、ぼくの頭には「では、その後の冷却は……」という心配が当然、浮かんだ。ただし、ぼくなりの歩みは、テロリストが水を止めたり、電気を止めたりすることによって、冷却できなくなるという事態に備えることだったから、「原発の危機に乗じて、テロリストが入ってこないか」という懸念にむしろ集中していた。

地震への対応に追われて、警備がふだんより手薄になっている怖《おそ》れがあるからだ。地震からまもなく、巨大津波が襲来《しゅうらい》してテロリストの代わりに、電気を止め、冷却水を止めてしまうことは、最初のうちは考えていなかった。

そして、新幹線の車中には、意外なアナウンスが響《ひび》きわたった。

「この新幹線だけは、間もなく動きます。ただ今、静岡県の安倍川《あべかわ》にさしかかり鉄橋の上で止まった状態にありますが、この位置は、東北地方を中心に発生した今回の地震の影響外に、ぎりぎりあるという判断となりました。間もなく動き、終点まで参《まい》ります。なお新幹線は、これを最後に、いったん全線をあらためて止めます」

男声のアナウンスは一転、落ち着きを取り戻していた。

おかげでぼくは、予定の講演会にどうにか間に合い、「ご縁がありまして、こうやって予想外にみなさんと無事、お会いできています」と切り出して、いつものように、敗戦後の祖国をめぐってわたしたちの思い込みを見つめ直しませんかという講演をおこない、控《ひか》え室《しつ》に戻った。

そのとき、青山千春博士が「原発で温度がどんどん異常《いじょう》に上がっているそうです」とわたしに知らせた。

その瞬間《しゅんかん》、「あ、テロリストの代わりに、津波が冷却を止めたんだ」と悟《さと》った。

二〇〇六年、すなわち福島原子力災害の起きる五年前に、ぼくは内閣府の原子力委員会から「専門部会のひとつとして、原子力防護専門部会を立ち上げる。参加してくれませんか」という連絡を受けた。

ぼくは「やっとすこし、前進したのか」と考えた。「防護」の専門部会をつくるということは、原発にはリスクがある、防護せねばならないテロリズムの脅威《きょうい》があるということを、初めて公式に認《みと》めたことになる。

それを評価《ひょうか》して専門委員を引き受け、参加した。しかし、これは国際原子力機関（IAEA）の原発防護に関する勧告《かんこく》が、どんどん厳しくなっていくことに備えることが大きな目的になっていた。ぼくと独研が取り組んできた協議のほうがずっと具体的な対策を議論していた。

国際社会の基準《きじゅん》に合わせることも必要不可欠だから、この原子力委員会・専門委員の職務を続けていたが、「冷却を止められたら……」という課題は未解決のままだった。

日本は、自然災害の多い国だ。震災も、一九九五年の阪神淡路大震災《はんしんあわじだいしんさい》で、国民は十二分に恐ろしさを知っていたし、戦前には関東大震災《かんとうだいしんさい》もあった。津波の経験も多い。だから原発でも「自然災害への備えは充分《じゅうぶん》なのに、テロをはじめとする人為的《じんいてき》な破壊や妨害《ぼうがい》への備えは、きわめて不充分だ」という共通認識《きょうつうにんしき》が、官民の良心派にあった。

その自然災害への備えが、地震にだけ偏《かたよ》って津波には欠陥《けっかん》だらけだったことは、福島原子力災害がそもそも人災であることを物語る。

東京電力《とうきょうでんりょく》は、二〇一一年の冬に、福島第一原発の事故が主として津波によって引き起こされたという中間報告を公表し、「だから仕方がなかった」と主張するような姿勢《しせい》をとった。

地震そのものによる被害がどうであったかを議論する以前に、「津波だから」という主張は、まったく間違っている。

日本の原発はすべて、海に面している。冷却水を海から吸《す》い上《あ》げているからだ。

だから地震にだけしっかり備えて津波にはさほど備えなかったのなら、信じがたい判断ミスである。

国民を護る仕事、分野は、セイフティ（安全）とセキュリティ（防護）に分かれる。日本だけのことではなく、世界がそうである。地震、津波、台風などの自然災害は前者に入り、ぼくと独研の専門分野は後者だ。

しかし福島第一原発が津波にしっかりとは備えていなかったというのは、まさしくぼくと独研にとっても盲点《もうてん》だった。

あぁ、日本の「民」は、ここまで「官」次第なのだとも思った。

二〇〇七年の夏に、新潟《にいがた》で中越沖地震《ちゅうえつおきじしん》が起き、東京電力の柏崎刈羽原発《かしわざきかりわげんぱつ》で火災や、使用済み核燃料棒《かくねんりょうぼう》プールの水が漏《も》れる事故が起きた。そこで資源エネルギー庁の原子力安全《げんしりょくあんぜん》・保安院《ほあんいん》は、耐震強化を東電をはじめ全国の電力会社、原発に指示した。

このときは日本海《にほんかい》の側でもあり、津波の被害はほとんど無かった。そのために官は官で、起きたことだけに対応して、地震の揺れについてより大きな加速度に耐《た》えるよう指示しただけで、津波はろくに考えなかった。日本海よりずっと津波が心配される太平洋側《たいへいようがわ》の原発に対しても同じだった。

そして民間の電力会社は、その指示に従《したが》うだけで汲々《きゅうきゅう》とし、みずからの頭で考えて津波への備えも強化することをしなかった。

ただ、フェアに申して例外はある。

東北電力《とうほくでんりょく》は、社内でごく少数の技術者が津波への備えを主張して、政府の指導《しどう》よりも五メートル高くした。

そのために東北電力女川原発《とうほくでんりょくおながわげんぱつ》は、東京電力福島第一原発《とうきょうでんりょくふくしまだいいちげんぱつ》と同規模《どうきぼ》の地震に襲われながら、ほとんど被害はなかった。それどころか地震に耐え、津波を回避した安全な場所として、地元住民が自然に集まって避難していた。

東京電力は、東北電力よりもはるかに巨大だ。それは東電エリアの人口が、きわめて多いおかげに過ぎないから、東電は会社が大きくなればなるほど謙虚《けんきょ》でなければならない。それにもかかわらず、東京電力は対照的に五メートルの高さをけちった。それを「国の指針に従っただけだ」という趣旨《しゅし》を事故の中間報告書で示したのは、根本的に間違っている。

ぼくは兵庫県姫路市《ひょうごけんひめじし》の講演先の控え室で、「福島第一原発の温度が異常に上昇《じょうしょう》している」と聞いた段階で、現場に真《ま》っ先駆《さきが》けて行かねばならないと決意していた。

現場主義であるからというだけではない。

ぼくには生涯《しょうがい》、背負わねばならない責任が生まれていた。

ひとつには、日本を真に独立させるためには自前の資源・エネルギーが必要であり、それには原子力が重要な選択肢であると発信したからだ。

ぼくは、だからこそむしろ、原発のリスクを強く主張し、実務家としてそのリスクを下げるためにそれなりに務めてはきた。しかし安全保障は、結果責任である。

福島第一原発で過酷《かこく》な事故が起きた以上は、福島県のひとびとが避難して家を失い、仕事を失い、子供たちが学校を失った責任が、ぼくにもある。

福島第一原発は、ソ連（当時）のチェルノブイリ原発と違って、亡《な》くなったひとがいないだけではなく、放射線障害《ほうしゃせんしょうがい》で治療《ちりょう》を受けたひともいない（二〇一一年十二月初め現在）。

しかし、子供を中心とした中長期の放射線による影響を心配し、対策を取らねばならない。そのことについても、ぼくにも責任がある。

だからまず、放射線量の高いうちに、原発立地の地元地域《じもとちいき》に入り、そして福島第一原発の構内《こうない》深くにも入り、おのれの身体に付けた線量計で放射線量を計り、これからどうすべきかを提案していく義務があると考えた。

講演を終えると、入院先に帰らねばならなかった。ぼくの身体の現状はそうだった。

しかし交通が動かず、東京に帰ることができず、大阪にとどまった。そのとき、ふだんと何も変わらない大阪の夜明けの街並《まちな》みと、明けの星の青い輝《かがや》きを見ながら、「現場へ」、そう決心した。

●六の節

決心すると同時に、深く考えたことは、「作業の邪魔《じゃま》は決してすまい」ということだった。

だからしばらくは、地域の避難の進み具合と、福島第一原発の構内での事態の様子を、懸命《けんめい》に把握しようと努めた。

福島第一原発では、水素爆発《すいそばくはつ》が引き起こされた。

入院先に戻っていたぼくは、病室でテレビとインターネットでその画像を視《み》た。

ネットではＢＢＣ（英国放送協会《えいこくほうそうきょうかい》）が「日本の原発が爆発」と報じているのを視た。

ぼくはすぐにＢＢＣに電話した。

「あの爆発はきわめて衝撃的《しょうげきてき》で重大だが、原発の爆発ではない。原発の爆発とは、原子炉、すなわち圧力容器《あつりょくようき》と格納容器《かくのうようき》が爆発し吹き飛ぶことだが、フクシマでは圧力容器も格納容器も吹き飛んでいない。吹き飛んだのは、建屋だ」と告げた。

このＢＢＣはやがて、ぼくのところへ取材に来ることになるが、そのときは報道ぶりをまったく変えなかった。

翌朝、病院の寝間着《ねまき》にガウンを羽織《はお》って、売店へ行くと、日本の新聞も全紙、「原発が爆発」と大見出しを打っている。

ぼくは、やむを得ないなと思いつつ、暗澹《あんたん》とした。

日本の原発は実は原子炉建屋の天井《てんじょう》が薄い。まさしく地震国だからだ。重いしっかりした天井では、地震が起きるとそれが落ちて、原子炉を直撃することを考えねばならない。だから薄くしてある。

地震の起きにくいドイツや、イギリスは、原子炉建屋の天井も分厚《ぶあつ》い。テロリストの侵入を防《ふせ》ぐためだ。それを現地で、ぼくは確認している。

フクシマまでは、この事実は明らかにできなかった。テロリストに情報を与えるからだ。しかしフクシマ後はもはや、テロリストが何もかも知ってしまった。それは、福島原子力災害のもたらした、重大な厄災《やくさい》のひとつである。

福島第一原発の水素爆発そのものは、アメリカの政府機関NRC（核規制委員会）の当局者や、原子炉もつくる巨大メーカーGE（ジェネラル・エレクトリック）の技術者から、実に一九七〇年代、八〇年代から指摘されていた。

なぜか。福島第一原発の六つの原子炉のうち、一号炉から五号炉までが、このGEの作った欠陥炉であり、緊急事態に水素爆発が起きやすいと懸念されていたのである。

ところが日本では、原子力安全委員会の班目春樹《まだらめはるき》委員長《いいんちょう》そのひとが、このリスクを知らなかった。菅直人《かんなおと》首相《しゅしょう》（当時）に「爆発は起きません」と断言してしまっている。

懸念されていた水素爆発が起きてしまった。ただ、それは原子炉が吹き飛んだのではなく、あくまでも建屋、特に天井が全面的に吹き飛んだのであって、チェルノブイリ原発の事故とは似《に》ても似つかない。

チェルノブイリ原発は、日本とは対照的に、原子炉が止まらず、すなわち炉の中の核分裂が止まらずに暴走《ぼうそう》し、圧力容器そのものが吹き飛んだ。しかもチェルノブイリ原発には、外カバーである格納容器はもともと存在していなかった。

だから原子炉のなかで生まれていた核生成物が全部、出た。フクシマは深刻《しんこく》なメルトダウンを引き起こし、重大な、あまりに重大な放射性物質の大量の漏洩《ろうえい》が起きている。ただし漏れた放射性物質の種類、すなわち核種はあくまで限られている。

こうした客観的な事実は、おそらく長いあいだ、語られることがないだろうと、ぼくはその意味でも病院の売店で暗澹としていた。

それでも、あくまでフェアに、客観的に発信しよう。世に受《う》け容《い》れられないだろうが、それに徹《てっ》しよう。そのためには、まずはやはり現場に行くほかない。

最初は、地域だ。住民が避難なさっている地域だ。

その具体的な計画を始めたとき、二十キロ圏内《けんない》もまだ、「警戒区域」に指定されていなかった。したがって、災害対策基本法に基《もと》づく立ち入り禁止《きんし》区域《くいき》ではなかった。

しかし二十キロの境界線《きょうかいせん》に警官が立ち、立ち入り禁止の看板が立っている。無用の、あるいは興味本位《きょうみほんい》の立ち入りを防ぎ、被曝を防ぐことと、住民が避難したあとの住宅に空き巣などの被害が出ないようにする措置だった。

一方で、ジャーナリストの方らが二十キロ内に入って一定の取材をされていることも聞いていた。

ぼくは関係機関に問い合わせをし、地域のほんとうの線量を把握することを含め、実務家として事態を現場で見たいと申し入れた。

良心派として信頼する政府当局者から「青山さん、まもなく警戒区域に指定することを検討《けんとう》しています。どうしても入るのなら、急いでください」と率直《そっちょく》な電話を受けた。

そこで二十キロ圏内に入る許可《きょか》を正式に受けたうえで、二〇一一年四月十五日の未明に、ひとりで車を運転して東京を出発した。

災害の影響で明かりの落とされた高速道路を行くと、暗い前方、フロントガラスの向こうに物凄《ものすご》い数の人の気配が立ち上がるのを感じた。

ぼくは原子力災害の現場に行くつもりだったが、とんでもない、被災地全体にこれほどのひとの死が満ちているのだと、あらためて思い知った。

高速はやがて、縦にうねり始めた。

イラク戦争に入ったとき、ヨルダンからテロを避けながら車で疾駆《しっく》し、やがてフセイン大統領《だいとうりょう》のつくったイラク側の高速道路に入るとアメリカ軍の爆撃で激しく縦にうねっていた。

それを思い出しながら夜を疾走し、夜が明ける頃に福島県の郡山市《こおりやまし》に着いた。

そこのパーキングエリアのトイレで白い防護服に着替《きが》え、防護マスクは付けないで、高速を降《お》りて、福島第一原発までおよそ五十キロ圏内の地域から見ていった。

ところが、すでにそのあたりで、人間が絶《た》えて、いない。ちょうど桜《さくら》が満開で、何事もないかのように咲《さ》き乱《みだ》れている。

政府が避難を薦めたのは、二十キロの圏内であり、その時点では三十キロ圏内が「屋内にいて下さいね」という地域だった。

ひとびとが政府を信用していないことが伝わってきた。

どんどん車を進めていくと、やがて福島第一原発から二十キロ圏の地点で、警官隊が阻《そ》止線《しせん》を張《は》っている検問所に到着《とうちゃく》した。

警官に名前を告げると、許可がちゃんと伝わっていて、敬礼をして「お疲《つか》れさまです」と迎えてくれた。警官隊は、警視庁《けいしちょう》から派遣《はけん》された若い警察官たちだった。防護服も着ていない。簡単《かんたん》なマスクをしているだけである。

ぼくも深い敬意を払《はら》い、「ありがとうございます」と応えて車を降りた。ほんとうは、迎えてくれたことへの感謝だけではなく、身を挺《てい》しての任務遂行への感謝だったが、胸が詰まって、うまく言えなかった。

すると警官のひとりが「写真を撮《と》りましょう」と言ってくれた。ぼくは写真に収まりつつ、警官の眼を見ていた。鋭《するど》い緊張のこもった眼だった。

そして、いよいよ二十キロ圏内に入っていった。ずいぶんと走ってから、ようやく防護マスクを被《かぶ》った。

軽装の警官たちが頭にあって、あまり自分を護りたくなかった。しかしもう、福島第一原発の正門まで十キロを切っているな、というあたりで、ぼくの責任としても防護マスクを、車中でしっかり被った。

●七の節

行けども行けども人がいない。

ぼくは所々で車を停《と》め、住宅《じゅうたく》の間を歩いた。

マンションではなく、農家風の住宅《じゅうたく》も少なくないから、縁側から家の中が見えるお宅もある。

プライバシーを侵《おか》さない範囲《はんい》で、すこし見てみると、食卓《しょくたく》の上に食べかけのごはんが載《の》っている。

縁側には、遊びかけの子供のおもちゃが散らばっている。

そして田畑には、使いかけの農機具がそのままで、学校のグラウンドにはサッカーボールがまさしく蹴《け》りかけのように、ぽつんとある。

福島第一原発の正門まで五キロのあたりで、ぼくは時間をかけてじっくり歩いた。

足元には、何匹《なんびき》もの犬と猫《ねこ》がすり寄《よ》ってきた。動物が好きなぼくは、屈み込んで、ひたすらさすった。お腹《なか》がすでに骨《ほね》に張《は》り付《つ》いている大型犬もいた。

道路には、車がやや乱れた縦列《じゅうれつ》で見渡す限り並んでいる。ドアやトランクが開いている車も少なくない。

窃盗《せっとう》にやられたのではない様子だった。おそらくは、住民が車で一斉《いっせい》に避難しようとしたのだろう。地下鉄があるわけじゃないのだ。

しかし止められて、集められてバスにでも乗せられたのか、ぼくはできる限り、ドアとトランクを閉めて歩いた。窃盗被害をすこしでも防ぎたかった。

そうやっていると、はらはらと桜の花びらが落ちてくる。気がつくと、桜にふさわしい鳥の鳴き声も、のんびりと聞こえる。

あぁ、ここは平和な日本の農村なのだ。

そして人間だけがいない。すべてがいつもの明るい春の光景なのに、人間だけがひとり残らず引《ひ》き抜《ぬ》かれて、いない。

ぼくは恐ろしくなった。なんとも言えず、恐ろしくなった。防護服の下で、鳥肌《とりはだ》が立っているのが分かった。

イラク戦争と旧《きゅう》ユーゴ戦争で、たくさんの遺体《いたい》のなかを歩いたときよりも、正直、はるかに怖《こわ》かった。

人間だけがいない情景は、これまで体験したことも想像したこともなく、ただ映画《えいが》の中だけの世界だった。ぼくは防護マスクの中で、「これは死の村、死の町……」と呟きかけて、はっと気がついた。

ぼくはチェルノブイリのウクライナにも行っている。ソ連が崩壊して、今はチェルノブイリはウクライナ領になっている。そこには、ほんものの死の村、死の町があった。放棄《ほうき》され、人間の掻《か》き消《け》された古里があった。

しかし福島は、チェルノブイリではない。

放射性物質もおそらくは放射性ヨウ素とセシウムが大半だろうと考えた。ヨウ素131は、半減期《はんげんき》が短いから、八日が経《た》ったあとは消えていく。セシウムは、粘土層《ねんどそう》のある土地なら、浅くて二・五センチほど、深くても七センチまでで止まる。多くの地域はきっと除染《じょせん》が可能《かのう》だ。

このふるさとに、福島県民にひとりでも多く戻っていただく。

死の村、死の町と決めつけてはいけない。慎重《しんちょう》に、慎重に放射性物質の影響をはかりながら、対策をとりながら、除染できる地域は除染して、古里を取り戻す。

それが大切だ。

そう考えながら、ぼくは福島第一原発の正門を目指した。きょうの一応《いちおう》のゴールはそこだ。

真っ直ぐに向かっていくと、道路に凄まじい亀裂《きれつ》が現れた。銀色の車がその亀裂に呑《の》み込《こ》まれたままになっている。道路脇《どうろわき》の住宅は、今まで見た中で一番ひどく崩《くず》れている。行く手を阻《はば》んでいる亀裂にみえたが、迷《まよ》いなく車をその中に入れた。必ず最後まで行かねばならない、行けると考えていた。

ぼくはA級ライセンスを持ち、富士《ふじ》スピードウェイなどでレースにもすこしだけ出ている。というか三十年ぶりにレースに復帰している。それでも亀裂の中を走るというレースはない。ただ、タイヤから車体に伝わる感覚、道路の状況の把握、それはいくらか、一般《いっぱん》的《てき》なドライバーより正確だ。

自分を信じて、亀裂の間を選び、一気に走り抜けた。

するとすぐに、福島第一原発の最初の看板が現れた。もう排気塔《はいきとう》も見えている。

●八の節

そして正門前に至り、ぼくは車を降りて、次から次へとやって来る作業員の車のうち、何台かに止まってもらい、すこし話を聴いた。

週刊誌《しゅうかんし》の報道などでは、作業員が食事もとれず、風呂《ふろ》も入らず、人間でないかのような作業環境《さぎょうかんきょう》にあるとされていた。事実なら、それだけは許《ゆる》せない。だから、すこしだけは直接証言を聞こうとした。

　すると正門の中から人が出てきた。東電の正社員である。

「青山さん」と声を掛《か》けられた。

　ぼくは、びっくりした。きょう正門まで来ることは、東電には何も伝えていない。正門の外は、あくまでも東電の管轄外《かんかつがい》である。

　あとで考えれば、ぼくは無意識に防護マスクを外していた。相手の作業員は、ぼくが話を聞いたひとはみな、車中であっても防護マスクを付けていたが、ぼくは外していた。ひとにものを聞くからには、素顔《すがお》でいたいと自然にそうしたのだった。

　東電の社員は、ぼくのまったく知らないひとだったが、社員はぼくのことをある程度、理解しているようだった。そして「中に入りますか。入るのですか」と単刀直入に聞かれた。

　ぼくは二度、びっくりした。そのときは四月半ば、まだ事故直後と言ってもおかしくない時期だった。

　内心で『トンデモナイ、みなさんの作業の邪魔はできませせぬ』と思い、「いえ、入りません」とだけ答えた。

　社員はあっさりと「そうですか。入らないんですね」と言い、引っ込んでいった。作業員から話を聴くのを阻もうとしたのではないのだった。彼《かれ》の上司らが正門前のようすをモニターで見ていて、青山繁晴と気づいたひとがいるんだなと考えた。そして彼に「入りたいのかどうか聞いてこい」と言ったのではないか。

作業の邪魔をしたくないのだから、この正門前でのヒヤリングもやめるべきだと思った。もし逆に「正門に近づかないで」などと阻まれていたら断固、続けていただろう。

ぼくは車に乗り、撤収《てっしゅう》していった。

線量は、半日の積算で二十三マイクロシーベルトだった。これは高くない。成田《なりた》からニューヨーク行きの飛行機に乗れば、ハワイに着くまでに充分に浴びてしまう。

ただし、だからといって汚染が軽微《けいび》というのでは、まさか、ない。ぼくはたった半日いただけである。福島原子力災害の際《きわ》だった特徴《とくちょう》は、水素爆発の直後は別にして、淡く薄い放射性物質が長時間、降《ふ》り積《つ》もっていったということにあり、それがまたチェルノブイリとの本質的な違いでもある。

あるいは一億分の一秒という短い瞬間に核分裂が始まり終わった広島《ひろしま》や長崎《ながさき》とも違う。広島と長崎は、直接の放射線に貫かれて多くの罪《つみ》なき市民が殺害された。チェルノブイリは、ありとあらゆる核種の、そして濃《こ》い放射性物質を、福島よりずっと短時間で集中的に浴びて、これも人が多く死んだ。

フクシマは、ごく限られた核種の、薄い放射性物質が史上もっとも長時間、すこしづつ降り注いだ。

だから半日や一日の線量で見てはいけない。そのうえで半日で浴びる積算量は、ほぼぼくの予想の範囲内だった。すなわち、フクシマの特徴を身をもって感じ取ることはできた。

●九の節

その三日後、二〇一一年四月十八日に東京都内の独研・本社へ、二人の東電社員が訪《たず》ねてきた。

中堅《ちゅうけん》・若手のエンジニアと事務系である。

福島からではない。都内の東電本店からだ。ぼくは何のための訪問《ほうもん》なのか、訝《いぶか》しく思った。こちらからは「来てください」とお願いしていないからである。東電の責任は重大だが、この火急のときに仕事の邪魔をするつもりは、ゆめ、なかった。

「おみえになりました」という連絡を、ヨネこと米岡秘書から受けて、独研本社に出てみると、お二人は、まるで顔を両膝《りょうひざ》に埋《う》もれさせるように座っている。

頭を垂《た》れている、などという段階じゃない。

ぼくは「顔を上げてください」と言った。

「東電の責任はあまりに重い。しかしそれは最終的には清水社長《しみずしゃちょう》（当時）と勝俣会長《かつまたかいちょう》が背負うのです。あなたがた若手社員は、朝八時半に出社して、毎日毎日、深夜まで、首都圏の安定電源のためだと信じて真面目《まじめ》に働いてきたではないですか。過《あやま》ちは過ちとしてフェアに認め、やるべきをやりつつ、顔はどうぞ、上げてください」

二人はまだ、深く俯《うつむ》いたままだ。

「あなた方のお子さんたちのためにも、顔を上げてください」と言うと、ようやく、いくらかふつうの姿勢になった。

「で、きょうは何の御用《ごよう》でしょう」とぼくは聞いた。

「青山先生には、事態を正しく理解していただきたいと思いまして……」と二人は、分厚いデータ集を取り出した。

先生と呼んでいただく筋合いはない。ぼくは近畿大学経済学部の客員教授だから教師という意味ではセンセイでもあるのだろうが、東電とは関係ない。

しかし、そのデータ集は、ざっと見るとアンフェアな色は付いていなかった。偏《かたよ》った方向へぼくを誘導しようという資料ではなかった。起きたことを淡々とデータで示してある。

それをもとに、かなりの時間、議論をして、二人を見送ろうとすると、二人は見違えるように元気になっている。原子力災害は鎮《しず》まらず、住民被害は拡大《かくだい》し、二人を含めた東電社員の苦悩《くのう》が終わるのではない。しかし顔は上げて、やるべきことはしっかりやろうと努めているようにみえた。

ぼくは、ほんのすこしホッとして、思わず「ところで、三日前に1F（いちえふ、福島第一原発のこと）の正門前まで行ったんですよ」と、きょうの本題と直接は関係のない余談を言った。二人が玄関先《げんかんさき》で立ち止まった。

ぼくが、「中に入りますかと、聞かれて、入りませんとお断りしましたよ。作業の邪魔をできる情況じゃないから」と付け加えると、ひとりが「1Fは今、入れますよ」と淡々と言った。

ぼくは「えっ」と息を呑んだ。「入れるんですか。なぜ」

「もう実際は、構内は一時期に比《くら》べるとかなり落ち着きました。もちろん専門知識がなかったり、専門家ではない人は、まだまだ無理です。しかし青山さんのように専門家なら入れますよ」

そう言い残して、二人は去って行った。

ぼくはこうした経緯《けいい》を、その二日後の四月二十日水曜日に、関西テレビの報道番組「スーパーニュース・アンカー」の生放送でありのままに話した。編集《へんしゅう》のない生放送だから、体験したことをそのまま視聴者《しちょうしゃ》に伝えられる。

そして帰京すると、政府当局者から携帯に電話がかかってきた。この人物は、まさしく良心派とぼくはふだんから考えている。

「アンカー、視《み》ましたよ」と彼は言った。東京では放送していないから、インターネットで視たわけだ。

「視ましたけどね、1Fは入れるよ」

「え」

「専門家ならもう入れるのにね、その専門家から誰もオファーがないんですよ。入れるのに、入らない」

「つまり、ご自分たちが可愛《かわい》いわけですか」

彼は答えない。

「ぼくは入りたいです」

「そうだろうね、あなたなら。だからさ、やってみれば？　オファーしてみれば？」と言って、いきなり電話は切れた。

ふだんはこんな電話の切り方はしない、温厚《おんこう》なひとである。

つまり彼が幹部を務める政府機関としては一切、協力できないが、自分のルートが何かあれば、そこを通じてオファーしてみれば、という提案なのだろう。もちろんすぐに、二日前にやってきた東電の若手一人の顔が浮かんだ。ぼくは夜が明けるのが待ち遠しかった。

翌《よく》四月二十一日木曜の朝、そのうちのひとりに電話して、「あす四月二十二日金曜に1Fに入れますか」と聞いた。彼は「検討します。お待ちください」とだけ答えて電話を切った。ぼくは『何だ、検討か』と落胆《らくたん》した。日本社会では、検討と言えば「やらない」に近い。

『きょうオファーして、あす入れろというのが良くなかったかなぁ』と思った。焦《あせ》ったのではない。ぼくの詰まりに詰まった日程のどこをどうひっくり返しても、たまたますぐ翌日の明日しか、時間を空けられそうになかっただけのことである。

駄目かな、と思いつつ連絡を待っていると、午前中に早くも電話とEメールで回答があった。

「明日、郡山の駅でお待ちします。防護服は、こちらの用意するものを恐縮《きょうしゅく》ながら、身に付けていただきます」

ぼくは実は、いくらか半信半疑《はんしんはんぎ》の心境だった。返事が早すぎる。

しかし当然、翌朝に東京駅から東北新幹線《とうほくしんかんせん》に乗車を試みた。当時はまだ新幹線は混乱《こんらん》状態《じょうたい》だったが、なんとか乗れて、郡山の駅に着くと、階段の下に四月十八日のエンジニアが待っている。

「あぁ、本気なんだ」とぼくは思った。

●十の節

このエンジニアは、雪国出身の静かな細身のひとである。

福島第一原発でも技術者としてのキャリアを積んできたという。

まず一緒にタクシーに乗った。彼は、何か特段の話をするでもない。しかし深い悲しみと彼自身に向けた怒《いか》りのようなものが伝わってきた。技術立国日本を、一隅《いちぐう》で背負ってきたひとりとして、どうにもこの現状が許せないのだろう。

ぼくは小さな家庭用ビデオカメラを取り出して、「きょう、1Fをこれで撮っていいですか」と聞いた。隠し撮りなどをするつもりは当然、なかった。

おそらく断られると思っていた。それなら撮らないだけのことだ。

エンジニアは即座《そくざ》に、「いいですよ」と表情を何も変えずに答えた。

意外だナァ。

すぐに入構の許可が出たことも、撮影も即、OKであることも不思議だった。東京電力はもともと官僚的な体質であり、官僚ならぬ民僚と呼ばれることすらある。それにしては、この非常時に柔軟《じゅうなん》だ。なぜだろう。

タクシーは福島県広野町《ひろのまち》にあるJビレッジという施設《しせつ》に向かっていた。

「J」とはサッカーJリーグのJであり、もとはサッカーの巨大な練習所と合宿所である。そこが福島第一原発の厄災に立ち向かう拠点《きょてん》に一変していた。

タクシーが施設に近づくと自衛官と自衛隊車両が目立ちはじめ、まるで有事のような緊《きん》迫《ぱく》しきった雰囲気《ふんいき》がありありと伝わってくる。

ここには実は戦車もいた。もちろん戦うためではない。戦車の密封性《みっぷうせい》の高い車室を活かして、そこに自衛官や作業員が入り、福島第一原発構内でも放射線量の高い枢要《すうよう》な場所へ決死で向かうことを計画したのだった。

しかし戦車の重さに原発の敷地《しきち》が耐えられず、新たな配管・配線の断裂が起きることを心配して、実際には使われなかった。しかしJビレッジには長いあいだ、秘《ひそ》かに待機していた。まさしく戦場のような原発構内であったことを象徴している。

タクシーを降りて、建物の中に入ると、作業員で溢《あふ》れかえっていた。東電の社員よりも圧倒的《あっとうてき》に関連会社の社員や、あるいは東芝《とうしば》や日立《ひたち》、日揮《にっき》の社員と関連会社のひとびとが多く、そして意外だったのは、ゼネコンの社員、作業員がとても多かったことだ。

原子力工学の世界だけではなく、土木工学の世界になっている側面もあるんだろうなと察した。

食料備蓄《しょくりょうびちく》の様子や、テレビ会議室、あるいは臨時診療所《りんじしんりょうしょ》の設営などをみて作業員の労働環境について東電の幹部社員とすこし議論したあと、防護服に着替え、線量計を二種類、身体に付け、そして防護マスクを抱えて、今度は東電の作業車に乗った。

ここJビレッジは、福島第一原発の正門からちょうど二十キロの位置にある。

ぼくが四月十五日に二十キロ圏内に入ったあと、一週間後の二十二日、すなわちまさしく原発構内に向かっているこの日に、二十キロ圏内は警戒区域に指定された。

指定されると、法の定めによって、市町村長の許可を得ずに警戒区域に入ると拘留《こうりゅう》か罰金《ばっきん》の罰を受ける。ただし「緊急対応に必要な者を除《のぞ》き」という例外《れいがい》規定がある。

ぼくは作業車に同乗した東電社員に確認した。「きょうから二十キロ圏内は警戒区域に指定されましたね。Ｊビレッジから１Ｆ方向に向かうと、直ちに二十キロ圏内に入ります。ぼくは、緊急対応に必要な者として入ることが許可されているのですね」

東電社員は、しっかりと頷いた。

「そうです、もちろん。われわれは青山さんの専門的な知見をいただきたくて、今日は入っていただくのですから、われわれ作業をしている者と同じ扱《あつか》いです。間違いありません」

Ｊビレッジを出た作業車はすぐに検問を受けた。東電社員は、ぼくを含めた作業車乗員の説明をして、検問を通過する許可が出た。

そして間もなく車内で防護マスクを付けた。

作業車は、ひとだけが掻き消えていない町と村のなかを、進んでいく。一週間前と同じ光景だ。しかし原発の構内深くに入っていこうとしている今日は、違う光景にもみえた。

ぼくの持ってきた古くさいホームビデオカメラは、被曝《ひばく》を避けるために、Ｊビレッジで東電の担当者によってビニールでぐるぐる巻《ま》きにされた。

実は、そのために、スイッチが入ったかどうか確認できない。カメラ本体に付いているモニターも開けないから、写っているかどうか分からない。ファインダーも覗けない。だから、だいたいの見当を付けてカメラを手に持って、窓の外に向けているだけだ。

そもそも二十数年も前のビデオカメラで、ICチップなどに録画するのではなくカートリッジのフィルムだ。こいつとイラク戦争にも行き、恐ろしい場面、兵士が死ぬ画面よりも自分が死に直面する場面をいくつも撮った。まぁ戦友と言ってもいいが、ひどい老兵だ。こんなビニールのす巻きにされて、無事に職責を果たせるとも思えないなぁ。

しかし東電の作業員に持ってもらって、車内でカメラに向かって話すのも撮ってみた。防護マスク越しで声がごもごも籠《こ》もるうえに、レンズは何重ものビニール越し。写り具合には期待していなかった。何か記録が残れば、御《おん》の字だと思っていた。

●十一の節

やがて作業車は、原発正門に達した。

前週は、ここでみずからとどまった。わずか一週間後に、もう一度来て、しかも中へ貫くように入っていくとは夢《ゆめ》にも思わなかった。

正門では、丁寧《ていねい》に身元と許可の確認が行われ、そして阻止線が開かれて、作業車は奥へ奥へと進む。

この福島第一原子力発電所の構内もまた、素晴らしく桜が咲き乱れている。日本の花、桜の強靭《きょうじん》さに胸打たれながら、ぼくは悲しみの思いも込みあげた。みんなが桜を愉《たの》しむこの季節に、福島のひとびとは不安に追われ、家も仕事も学校も失っている。

ここより北の宮城《みやぎ》や岩手《いわて》の津波の被災地では、水漬《みづ》く屍《かばね》がまだ、何体も何十体も何百体も、いや何千体も海に取り残されているのかもしれない。

桜の美しさに、厄災のむごさを思わずにいられなかった。

作業車は大きく左に曲がっていき、免震重要棟《めんしんじゅうようとう》に着いた。

その名の通り、地震に耐えるようにダンパーを噛《か》まし、天井や壁《かべ》に分厚い鉛《なまり》を貼《は》ってある。だから見事に残っていた。隣の事務棟が徹底的に破壊されていることとは対照的だ。

日本の技術は、いざとなればあの巨大地震にも耐えたのである。

この免震重要棟は、入り口にさらに臨時の入り口が被せてある。やがて訳《わけ》が分かった。もともと扉《とびら》を二重にしていたのだが、それではまだ汚染空気が入ってしまうことが分かり、もう一段階、増《ふ》やしたのだ。それを視て、ぼくはこの福島第一原発の所長、吉田昌郎《よしだまさお》さんの冷静さを思った。

作業員の出入りの様子をじっくり視たあと、ぼくも中に入ると、作業員がわっと寄ってきた。作業員以外の人間が初めてやって来たのである。ぼくのことをご存《ぞん》じのかたもいて、歓迎《かんげい》ぶりが正直、嬉《うれ》しかった。作業の邪魔になるのではないことが実感できたからだ。

ここでは手袋《てぶくろ》を外せるから、ぼくは次から次へと握手していった。イラク戦争のとき、人間がほんとうに風呂も入れず栄養も悪くなると、手から駄目になると感じた。人間はどうしても指を使うからである。

しかしどの人もどの人も、手はしっとりしていて、荒《あ》れ果《は》てた手はない。握手しつつ眼を覗き込む。頬《ほお》を間近にみる。作業員の健康がおろそかにされることがあってはならない。しかし、みな、しっかりしている。

若いひとは、十九歳の人がいる。高卒で、この原発で働いて、そのまま戦っているのだ。高齢に見えるひとに、「おいくつですか」と聞くと「ほんとうはね、六十七歳です」と応えられた。

「青山さん、私は長年、この原発から給料をもらっていたからね、とっくに定年になっているからと言って家に座ってられなくてね。まだ大混乱の時にマイカーで途中まで来て、道路の亀裂で進めなくなって、そこから歩いてきたんですよ」

ぼくは思わず、「週刊誌には、作業員は高い日当目当てだと書いてありましたが、違いますね」と聞いた。

「日当？　そんなもん、しらん。ここにいる奴《やつ》はみんな、青山さん、あなたが見ている通りね、俺《おれ》たちがやらなきゃ誰がやる、福島県民のため、日本国民のためにやってるんだよ」

ぼくは思わず涙《なみだ》が吹きこぼれそうになった。すると作業員のなかを掻き分けるように、ひときわ背の高いひとが出てきて、その人は握手を待つのではなく、自分からぼくの手を両手で握《にぎ》った。そして「青山さぁん、よくぞ、こんな最前線の奥深くまで来てくださいましたなぁ、ありがとう、ありがとうっ」と大声で繰り返される。

ぼくはちょっと困《こま》った。手を放してくれない。そして、その人は言った。

「ヨシダです」

あ、そうですか。吉田さん。え、吉田さん？

これが戦うリーダー、吉田昌郎所長だった。

●十二の節

吉田昌郎さんとぼくは、これが初対面だった。初対面なのによく知っていた。二〇一〇年の秋の頃から、つまり大震災が襲う半年ぐらい前から、東電の幹部から吉田さんの噂《うわさ》を聞いていた。

「1Fにね、困った所長がいるんですよ。生意気で、自信過剰《じしんかじょう》でね。本店の言うことを聞かない」

ははぁ。ぼくはびっくりした。共同通信の大阪経済部でエネルギーを担当している頃から、東電の官僚体質を知っていた。そんな人がいるなんて、聞いたことがない。

「民僚といわれる東電のなかで、剛気《ごうき》な人がいるもんですね。しかも1Fの所長ということは執行役員《しっこうやくいん》でしょう。凄いじゃないですか」

ぼくの吉田さんへの関心は、東電の本店経由で吉田さんにも届《とど》き、吉田さんはテレビ番組でのぼくの発言ぶりをいくらか知っていて、そして東電の幹部によれば、原子力委員会の専門委員で「原発にはリスクがある」と強く主張している人間がいることを知っていたという。

おたがいに、会いたいな、と思っていて、実際、会う手はずにもなっていた。それが震災で吹き飛んでいたのである。

吉田さんの直の案内で免震重要棟の中を回りながら、この吉田さんが「こんな最前線の奥深くまで、よくぞ」と何度も繰り返したのが、ぼくの耳に残っていた。

それは良心派の政府当局者が「専門家が誰も、構内に入りたいとオファーしない」と言ったことと響きあっているのではないか。その政府当局者と吉田所長が話したという意味ではない。問題意識が自然に、共通しているのではないか。

棟内の所長室、といってもオープンスペースに近い一角で吉田さんと向かいあったとき、ぼくはまずホームビデオカメラですべてを撮影してもいいか、と聞いた。

すでに東電社員の許可を得ているのだから、記者時代のぼくなら、やぶ蛇《へび》になることを恐れて、吉田所長にはあえて確認しなかっただろう。しかし今のぼくは、何よりも、吉田所長と彼の戦う仲間たちの作業を邪魔したくなかった。

吉田さんはすぐさま、「ああ、いいですよ。むしろ全部、撮って、みなさんに見せてください」と言った。

ぼくはエンジニアの即決も、これか、と思った。原発構内の真実が国民にちゃんと伝わっていないと、東電の一員でもこころあるひとたちは懸念しているのだ。ぼくは、あのエンジニアが、ここ福島第一原発で吉田さんの部下だったことがあるのを思い出した。

免震重要棟には、テレビ会議のための広大な部屋がある。東電本店とこの1Fを繋《つな》ぐのはもちろん、Jビレッジ、そして原子力安全・保安院をはじめ政府機関とも直結している。「吉田さん、この会議で、やってられねえよって怒鳴《どな》ったという話があります。ほんとうなんですね」

長身痩躯《ちょうしんそうく》の吉田さんは、涼《すず》しい顔で、「そんなこともまぁ、確かに言いましたな」

そして、その訳を気持ちがいいほど率直に語ってくれた。「みんなみんな、安全な東京にいて、勝手な指示ばかり押しつけてくるから、この現場が混乱する。人災なんですよ」

みんな、のなかには東電本店の首脳陣《しゅのうじん》はもちろん、原子力安全・保安院、また原子力安全委員会の首脳陣も指していることが分かった。さらに首相官邸も含まれているのだろう。

ぼくのなかで、やっとすべてが繋がった。一気に繋がった。

不思議のカギは、このひとだったのだ。

みなが本心では怖がって、構内に来ないで、おのれを安全なところに置いて、おのれの権力と権威だけには拘って、指示を降ろしてくる。国民にはほんとうのことが伝わらない。

それを誰かが打ち破ってくれないかという空気が、現場と、良心派のなかに渦巻《うずま》いているところに青山繁晴という野郎《やろう》が、手を挙《あ》げた。あの野郎は、圧力がかかっても、映像を出し、発言をし、現場の抱える真の課題を国民に訴《うった》えてくれるかもしれない。

エンジニアたち二人は、尊敬する吉田昌郎所長に、青山のオファーが伝わるように工夫し、吉田所長は「あのひとには、むしろすぐ来て欲《ほ》しい」と許可を出し、原発の入構許可、不許可は、所長に第一義的には権限があるから、東電本店も許可し、それでスピード回答になった。

のちに複数の関係者に確認すると、こういう流れだった。

菅直人《かんなおと》首相《しゅしょう》は三月十二日の午前七時十一分に自衛隊ヘリで、この福島第一原発に降り立ったが、それは安全な免震重要棟に短時間、立ち寄っただけで、ほんとうの現場把握はせず、すぐ「逃《に》げるように帰った」（幹部作業員）

これはベント（排気して圧力を下げること）をはじめ作業を遅《おく》らせただけであった。

●十三の節

吉田さんとぼくは、さて、どこを見て回るかを相談した。

ぼくは東電の用意した視察ルートにそのまま乗るのではなく、専門家の端《はし》くれとして、みずから見たいところ、見るべきだと思うところを見せてほしいと要望した。

まず二号炉と三号炉の間の瓦礫《がれき》である。

なぜなら、自衛官と警察官らの情報では、そこには一シーベルト（百万マイクロシーベルト）という恐ろしく線量の高い瓦礫がある。そうした瓦礫の存在が、厄災を超克《ちょうこく》する作業を遅らせている。そこでは車を停めて、降りて、線量を測りつつ実情を調べたいと述《の》べた。

吉田さんは、即座に「駄目です」と言った。「線量が高すぎます。降りるどころか、車を停めるのも駄目です」

しかし、どこかでは車を降りたい。政治家の視察のように、車越しで見るだけでは駄目だ。ぼくはそう、かき口説いた。

「分かりました。では四号炉の前で、車を停めて降りることを認めましょう」

ぼくは思わず、にっこりした。

原子炉建屋の上部が水素爆発で破壊されているのは、航空写真などで誰でも見ている。しかし原子炉建屋の根元はいったいどうなっているのか、こちらはどんな専門家も見ていない。

四号炉から車をさらに進め、海側に回ってほしい。津波が直撃した海側も必ず見たい。海側の実情は、どんな映像にも情報にも、ない。吉田さんは黙って頷いた。それまでの的確に話していく姿勢と、明らかに違っていた。

なぜ、そうだったのかは、あとで分かることになる。

そしてぼくは、作業車で出発した。

手には、ビニールです巻きにされた古ぼけカメラである。相変わらず、写っているのかいないのか、そもそもスイッチが入っているのかいないのか、確認不能のままだ。

ぼくはスチールのカメラも持ってきていたが、これは免震重要棟で作業員と握手をしているあいだに、姿を消してしまった。理由は不明である。今頃は、誰かぼくの読者や視《し》聴者《ちょうしゃ》でいらっしゃる作業員か、あるいは混乱に乗じて潜《もぐ》り込《こ》んでいた怖れはある北朝鮮の工作員か、どなたかの手で活躍《かつやく》していることだろう。こちらはまだ新しかったのだ。ふひ。

車が敷地の木立の間を下がり出すと、形容を絶する無残な光景が間近に迫《せま》ってきた。

原発は世界のどこでも、清潔《せいけつ》で整然としている。リスクがあるからだ。それが不規則《ふきそく》な爆撃を受けたかのようにぐしゃぐしゃに、破滅的《はめってき》に混乱している。

ぼくは二号炉と三号炉の間に車が真っ直ぐ進んだとき、思わず、吉田さんとの合意を忘《わす》れて「ちょ、ちょっと止まってください」と言った。

同乗の作業員は冷静に、「いや、ここは線量が高すぎます」と拒絶《きょぜつ》した。ぼくはすぐに同意した。ぼくは数時間、被曝するだけであるが、作業員のみなさんは、毎日毎日、被曝せねばならないのだ。

車は、右へ大きくターンし、やがて四号炉が近づいてきた。

約束通り、四号炉の真正面で止まってくれた。ぼくは「さぁ、開けますよ」と声をかけてドアを開いた。その瞬間、ぼくと同じく後席で隣にいた、あの若手エンジニアが、顔を両腕《りょううで》で覆《おお》うようにして、反対側のドアに身を寄せた。顔は防護マスクで覆われているし、狭《せま》い車内で身を寄せても意味はない。しかし、一瞬のその動作に、作業員のかたがたの気持ちもよく分かった。

車を降りると、そここそが死の世界だった。

さまざまな作業音があるはずが、音がない。防護マスクの影響はあるだろうが、それだけではない。

四号炉の建屋は、根元からぱっくりと口を開けていた。これも実は、自衛官や警察官らから事前に聞いていていた。

原発はどこでも、原子炉建屋に大きな搬入口《はんにゅうこう》がある。四号炉は、ちょうどトラックがお尻《しり》をその搬入口に入れていたときに、地震が襲った。だから巨大シャッターがフルに上がったままなのである。

ぼくは近づいて中を凝視《ぎょうし》した。

眼はいい。中は暗い。それでも、平常時の記憶《きおく》と比べると地震の揺れで壊《こわ》れたらしい部分というのは意外にも見当たらなかった。

とはいっても、水素爆発の大混乱をそのまま見ているのだし、果たして正確に区別が付いたかどうか、それに細かい配管のズレや外れは分からないのだから、確たることは言えない。

しかし、この構内で首脳陣のひとりが、こう言った。

「青山さん、地震では意外なぐらい壊れていないんですよ、実際。そのあとの津波にしっかり対応できていれば、こんな災害にはなっていない。津波で電源が失われ、水が止まり、冷やせなくなったときに、現場のわれわれも（東電の）本店も（原子力安全・）保安院も、原子力安全委員会も、首相官邸も、あんなに迷ったりせずに、さっさと海水をぶち込んで冷やしておれば良かった。これは人災ですよ、ほぼ完全に人災ですよ」（語りのまま）

その証言を少なくともしっかり検証する必要を、ぼくは四号炉の奥に見た。

●十四の節

車内に戻ると、中の空気が、明らかに変わっていた。「この青山の野郎、降りて近づくとは、ほんとうに本気なんだ」という無言の声が聞こえるように感じた。ぼくは胸を張るつもりは全くなかった。それどころじゃない。自分のことに、ふだんに増《ま》して興味はなかった。どうにか、いささかでも事実を掴《つか》んで、外の世界へ伝えたい。

作業車は海側へ回り込む道を進む。海側が見え始めたとき、ぼくはその日で一番大きな声が出た。

何という破壊だろうか。

ただの波が、ほんとうにここまで壊すのか。

巨大な建造物《けんぞうぶつ》の補助建屋《ほじょたてや》、燃料タンク、そしてタービン建屋の一部、徹底的にぐしゃぐしゃらである。

大きなトレーラーやトラックが跳《は》ね上《あ》げられて、そうした破壊された建造物の根元に突《つ》き刺《さ》さっている。丈夫な消火栓《しょうかせん》が根っこから引き抜かれている。

まるで巨人が子供のように荒《あ》れ狂《くる》ったか、それとも洋上から小型核ミサイルを撃ち込んだか。そうみえた。

車はどんどん進む。予定より深く入っている。車中の作業員が意気に感じているのが伝わってくる。

次の瞬間、悟った。

あぁ、これが最大の隠されたリスクなのだ。

福島第一原発は、海側にまず、こうした建物が並び、そのいちばん奥に、原子炉建屋がある。

その構造が幸いして、津波は前段の建物は徹底破壊したが、それで勢《いきお》いを削《そ》がれ、原子炉建屋は破壊されずに済んだ。

もう一度、津波が来たらどうなる。

盾になってくれるものはなく、今度こそ、原子炉建屋と原子炉そのものを直撃する。そのときこそ、チェルノブイリと真に並ぶ厄災になるかも知れない。

ぼくは免震重要棟に戻って、もう一度、吉田さんと議論し、ここを重点に話した。

吉田さんと福島第一原発の幹部陣の証言を総合すると、吉田所長は三月下旬にすでに、構内に新しい防潮堤《ぼうちょうてい》を造ることを提案した。

ところが原子力安全・保安院は「構内に新しい構造物を造るのなら、許可手続きで一年かかる」と言い、間に入った東電本店は「それなら土嚢《どのう》にしましょう。土嚢なら、構造物ではないから、手続きは簡単です」と最良の妥協案《だきょうあん》のつもりで提示した。

台風のときに、たとえば溜《た》め池《いけ》の土手に積む、あの土嚢である。津波を防げるわけがない。

だから吉田さんも、エンジニアも、映像をむしろ撮って欲しかったのだ。

予定よりずっと長く構内にいて、郡山の駅に向かうと、もう夜である。車中で、携帯電話の番号を交換したばかりの吉田さんから、電話がかかってきた。

ぼくは「青山繁晴がどのように動いたか、東電本店に報告はする。それで本店から、映像だけは公表させるなと、言われたんだな。しかし、吉田さんの立場からすると仕方ないね」と胸のうちで考えながら、電話に出た。

「青山さん、今日はいい議論ができましたなぁ。これからも共に頑張《がんば》りましょうっ」

その大きな声で電話は切れた。

映像の公開だけはとめろ、という圧力はあった。しかし頑張って出してください、その意味ではないかと忖度《そんたく》し、吉田昌郎というひとの男気《おとこぎ》に、涙にならない涙がこころのうちに滲《にじ》む思いがした。この吉田さんも、いつか非難にさらされる。事故の初期に判断ミスもあっただろうから。しかしこの人物は弁解も一切しなかった。ただただ公平な情報が世に出ることを願っているのだろう。

それにしても、果たして無事に写っているのか。

駅に着き、コーヒーショップで、ビニールを解かれていたホームビデオカメラのモニターを開いてみると、何かは動いていた。

あー、よかったぁ。

●十五の節

ぼくは、四月二十七日の関西テレビ「スーパーニュース・アンカー」の編集のできない生放送を活用して、まずは映像を流し、解説し、それを皮切りに国内外のすべてのテレビ局に無償で映像を提供した。

関テレで放送する前に、東電本店のある部分から、あらためて「映像は流さないでもらいたい」と圧力がかかった。

ぼくは一蹴《いっしゅう》した。

映像を公開したあと、捜査《そうさ》当局《とうきょく》の高級幹部から「青山さん、あんたを逮捕しろと、首相官邸が動いているよ」と電話がかかってきた。

ぼくは逮捕を覚悟した。警察は権力に弱いからだ。

しかし捜査幹部は断言した。「逮捕などしない。正式な許可を得ているから容疑がない」。

そして「出すべき情報を国民に出さないほうが悪い」、こう言った。

ぼくは、その電話を携帯に受けた地下駐車場の静けさを、忘れることはないだろう。

この福島原子力災害については、政府と国会の調査委員会の調べの結果が出れば、それを検証し、あらためて書物を書き下ろして、国民と世界に問う。

●十六の節

ぼくは福島第一原発に入った四月二十二日の夜、東京に帰らなかった。

作業員の目の輝きを思えば、他の被災地を回らないわけにいかなかった。

帰京するエンジニアを見送り、ぼくひとり北上した。電車内は、親の話に聞いた敗戦直後の車内のようだった。混乱と熱気、そのなかを立《た》ち尽《つ》くして仙台《せんだい》に着いた。

仙台で、信頼する知友と落ちあい、翌日の夜明けとともに宮城県《みやぎけん》の南三陸町《みなみさんりくちょう》に向かった。

なぜ南三陸町か。そこには、話に聞く「赤い鉄骨《てっこつ》の現場」があるからだった。

仙台市は、強烈《きょうれつ》な被害の場所と、何事もなかったかのような場所が交錯《こうさく》していた。しかし知友の車で南三陸に近づいていくと、まず壮大《そうだい》に歪《ゆが》んだ大きなアーチ橋が現れた。

その先は、まるで原子爆弾《げんしばくだん》を一個ではなく二個か三個を落とされたように、何もかも破壊され尽くした荒野《こうや》であった。

警察官の寮《りょう》の屋上に、マジックまがいに乗用車が乗っかり、線路の上に大型漁船が乗っかり、その異形《いぎょう》の荒野のただ中に、赤い鉄骨の現場はあった。

それは元は南三陸町の役場である。

と言っても本来の役場そのものは、コンクリートの土台しかなくなり、その上にぐちゃりと潰《つぶ》された白っぽい乗用車や、遠く沖合からぶつけられた漁具が大量に乗っかり、キーボードが半分だけのパソコンが挟《はさ》まり、という有様だ。

その奥に、赤い鉄骨がある。

これは町の防災庁舎だった。まさしく災害に備えて頑丈に造られたこの防災庁舎も、想像を絶する津波のために「中身」はすべて奪われた。

中身だけではない。壁も天井も何もかも波が奪い去って、ただ鉄骨だけが赤く遺された。町長の佐藤仁《さとうじん》さんらに話を聴くと、この庁舎の屋上にまで波が猛然《もうぜん》と打ち寄せ、あたりは海中そのものに変貌《へんぼう》した。佐藤町長、それに副町長以下の役場職員はみな、水に追われて屋上まで上がり、町長と副町長らはたまたまアンテナにつかまった。ほかの職員は、屋上の柵《さく》につかまった。柵のほうがつかまりやすいように見えたという。

だが波は、その柵をあっさりと咥《くわ》えて人間ごと連れ去った。町長らは茫然《ぼうぜん》とするしかない。そしてアンテナにつかまっていたひとびとだけが生き残った。佐藤町長らはどれほど胸が抉《えぐ》られたことだろうか。

しかし、ぼくと会った佐藤町長は、穏やかな笑顔を浮かべ、すべてのことを平静に語った。ぼくは、町を率《ひき》いる者の責任をずしりと感じた。

その防災庁舎の屋上に登らなかった職員がふたり、いた。

ひとりは二十四歳の、結婚式《けっこんしき》を間近に控えた女性であり、南三陸町役場の危機管理課に勤める遠藤未希《えんどうみき》さんだ。そして、未希さんの上司の課長補佐《かちょうほさ》、三浦毅《みうらたけし》さん、五十二歳だ。

　ふたりは防災庁舎二階にとどまって、「津波が来ます。逃げてください」と町民に呼びかけ続けた。

　未希さんは、他の職員の説得でようやく屋上に上がろうとして、非常階段に出たところを波に呑まれたと思われる。三浦さんは、未希さんに「俺はあと少しだけ……（放送を続けるから）」と言い残し、そのまま二階で波に呑まれたらしい。

　ふたりは佐藤町長に指示されたのではない。それぞれ自分の頭で考えて、決心したと、ふたりを最期《さいご》まで見ていたひとたちはみな、語る。


　その日から一か月と十二日の過ぎた四月二十三日、朝一番の赤い鉄骨の足元には、白い花が手向《たむ》けてあった。

　周りには、草木の一本もない。津波がただ一撃でつくった荒野である。どうやって花を見つけたのだろうか。それとも遠くのひとが遠くから花を持ってきたのだろうか。いや、現場にたたずんでいると、明らかに町内のひとが、また一本の白い花を持って手向けている。

　ぼくは知友と、いったんその場を離《はな》れ、行方不明者を捜《さが》し続《つづ》ける自衛官と話したり、被災地を歩いていった。自衛官が、行方不明者の身体を傷つけないように機械を使わず、素手で探し続けていることに、こころの底から感謝しつつ、また赤い鉄骨の現場に戻った。花がすこしだけ増えている。

また、ほかの現場を回る。戻る。花が、やはりすこしだけ増えている。これを繰り返すうち、赤い花や黄色い花も加わる。手紙も置いてある。

ぼくは我慢《がまん》しきれなくなって、被災民のかたに「あの花はどうやって手に入れましたか」と聞いた。

おひとりが、「あの山ですよ」と指差してくれた。海中と化した南三陸町で、わずかに残った小高い山へ、被災民が手分けするように、泥《どろ》と戦いながら登って花を手にしているのだ。

もちろん、すべての花がそうではない。仙台で買った花もあれば、遠くの地のボランティアが持参してくれた花もある。

しかし、まだ家族の遺体すら見つからない被災民のかたが、泥を登って手にした花もある。なぜ、遠藤さんと三浦さんにそこまで気持ちを捧《ささ》げるのだろうか。

現実に命を救われたから。……その通り、それが一番だ。

しかし、それだけだろうか。

いざとなった時こそ、自分のために命を使うのではなく、ひとのため、みんなのため、公のために、命を捧げる姿勢に、震災後のふるさとに生き、日本に生きるための羅針盤《らしんばん》を見ているのではないだろうか。

未希さんは、ずっとあとになって海で亡骸《なきがら》が見つかった。毅さんは、帰らないままである。

●十七の節

津波が生活を消し去った被災地は、広い。歩けば歩くほど絶望的に広がっていく。

ぼくは、色の淡い泥に、思いがけなく深く足をとられたとき、ふと、遠藤未希さんが南の少女たちに繋がり、三浦毅さんは南の英霊たちに繋がっていることを、希望のかすかな香りのように感じた。

本土から真南の硫黄島《いおうとう》で、ひとりひとりが祖国を背負い、一切なんの希望も報《むく》いもなく戦い、その死をもて護った日本国民から忘れ去られていたひとびとがいる。

わたしたちは忘れていたのに、毅さんは魂の底で、気負いなく連なっていたのではないだろうか。

その硫黄島を占領《せんりょう》した翌朝に、アメリカ軍はさらに沖縄《おきなわ》の慶良間諸島《けらましょとう》に最初の足を踏《ふ》み入《い》れた。

わたしたちの、わずか六十年まえの先輩は、侵略をそこで食い止めようと戦い、頭を割られ、腸《はらわた》がはみ出た。

それを看護してくれたのは、沖縄の十五歳前後の少女たちであった。学徒看護隊だ。

学徒看護隊は、ひめゆり部隊の名でよく知られている。覚えられている。

しかしほんとうは、ひめゆり部隊のほかに学徒看護隊は八つあった。ひめゆり部隊は、沖縄の第一高等女学校《だいいちこうとうじょがっこう》と師範学校女子部《しはんがっこうじょしぶ》の生徒たちでつくり、たとえば第二高等女学校《だいにこうとうじょがっこう》の生徒は白梅学徒看護隊《しらうめがくとかんごたい》をつくった。

正確にいえば、そうした名は戦後に分かりやすく与えられたものだ。それでも九つの看護隊があったことは間違いない。

ところが、ひめゆり部隊のほかはすべて、沖縄でもほとんど忘れ去られた。ぼくも、ひめゆり部隊以外にはまったく何も知らなかった。

新人記者のとき初めて沖縄に行き、個人タクシーの運転手さんが「あなたが記者であるのなら」と、ぼくを連れて行ってくれたのが白梅の塔だった。白梅とは、沖縄第二高女の校章である。

現在の塔とは違い、ちいさな手造りの石積みの裏に、カギのない蓋《ふた》があり、そこに真っ白な遺骨が詰まっていた。

娘がそこのガマ（沖縄では壕《ごう》をガマという）で自決したことを認めない父や母やおじいさん、おばあさんが、夜半にやってきて蓋を開き、遺骨に触《ふ》れているから、カギを作らないのだと聞いた。

塔に向かって右の奥には、自決壕が口を開いている。恐ろしかった。何年、何十年とお参りを続けても恐かった。小雨の日には特に恐ろしかった。

しかし恐ろしくても、ウチナンチュ（沖縄県民）であれ、ヤマトンチュ（本土のひと）であれ、その自決壕の上に立って手を合わせてくださるだけで、壕の中の少女たちは、自分たちの死が犬死ではなかったことを知る。

あなたの、きみの姿を見て、祖国が滅《ほろ》びてはいないことを知るからだ。

ぼくがお参りを始めて、ことしで三十三年目になる。ながい、永《なが》いあいだ、白梅の塔で人を見ることがなかった。

つたない講演をするようになり、白梅の少女たちに触れると、すこしづつ沖縄の内側からも、本土からも訪れてくださるかたが増えていった。

そして信じられないことが起きた。白梅の塔と自決壕に、白い光が差している。いつ訪れても、あんなに暗かったのに。

今は、どことも言えないが全体に白く明るい。ぼくひとりが、個人的な感想を言っているのではない。数年前から尋ねてくれている人なら、ほぼ例外なく誰でも、その変化に驚いて、ぼくに告げる。

白梅には、生きている人間は誰もいない。変化があるはずはない。しかし誰もが感じる変化が今、起きている。

世界は不思議だ。

世界は、意味がある。わたしたちの思い込みを超えて。

白梅の少女たちは、なにか私利があって、明るくなったのではない。祖国が今も生きていることを知っただけである。

遠藤未希さんも、三浦毅さんも、ぼくらと同じ敗戦後の教育を受けてきた。しかしそれをも貫いて、ふたりは白梅の少女たちや硫黄島の先輩たちに、真っ直ぐ繋がっている。

遠藤未希さんの気負いのない声は、南三陸町の町内に響き渡り、町民の手で記録され、ネットによって誰でも聴くことができる。

未希さんや毅さんが英雄《えいゆう》なのではない。英雄視するのではない。ぼくらを貫くものを信頼しませんか。遠藤未希さんの永遠の声は、それを呼びかけているのではないだろうか。

南三陸の町民の命を救った声は今、ぼくらに向かって、新しく生きよと呼びかけている。

硫黄島の章

硫黄島の上空に達し、慰霊のために旋回する。

南端の摺鉢山は、米軍の砲火で火口が半分なくなっている。

何気なくみえる滑走路の光景。この真下に日本の青年が閉じ込められたままでいる。

米軍が港を造ろうとして失敗したあとの沈船。奥は摺鉢山。

摺鉢山に続く黒い浜辺に茫然と立つ。風が激しい。

摺鉢山に星条旗を立てた米兵のメモリアル。戦友たちが認識票を手向けている。

栗林中将と末娘の姿が写真に映り込んだトーチカの外景。外からは何も、うかがえない。

帰途、生涯忘れられない鮮烈な空に見送られた。

擂鉢山の頂を、激しい戦闘のなかで占領したアメリカ兵たちは、星条旗を結んだ一本のポールを、手を添え合って立てた。従軍カメラマンのローゼンタール記者がその光景を撮った写真は、ピュリツァー賞をとり、世界に有名な一枚となった。
(ROGER_VIOLLET　撮影日:1945-02-23)

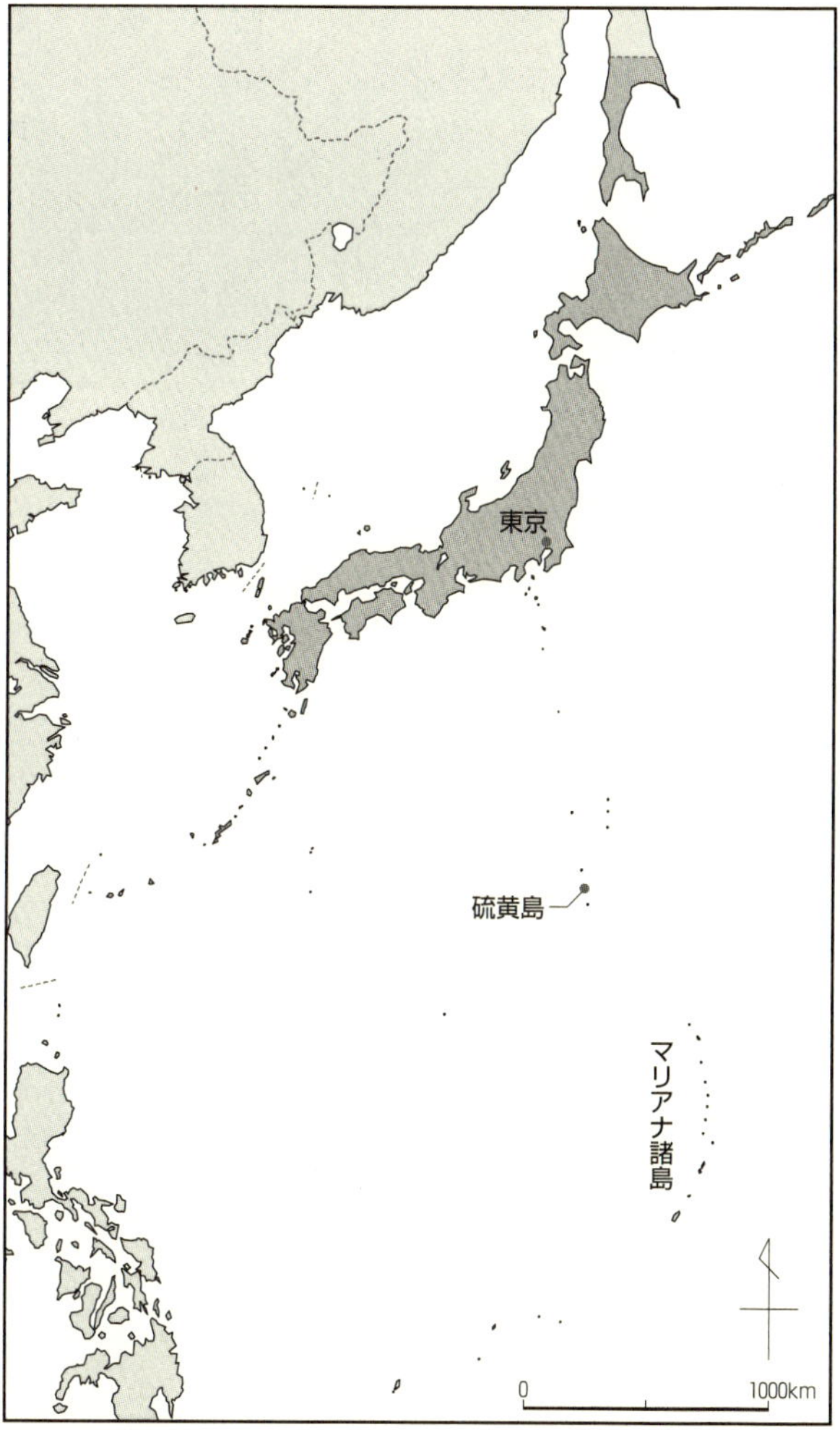
東京
硫黄島
マリアナ諸島
0
1000km

●一の節

わたしたち日本国民には、長いあいだ、それは六十年以上も、忘《わす》れ去っていた領土《りょうど》がある。

祖国《そこく》は、北方の千島列島《ちしまれっとう》のすべてと南樺太《みなみからふと》という大切な領土を、ソ連（現《げん》ロシア）に国際法《こくさいほう》に違反《いはん》して奪《うば》われたままだ。

戦争に負けたからじゃない。戦争がもう終わったあとに、ソ連軍が侵略《しんりゃく》してきた。美しい日本海の竹島《たけしま》も、韓国《かんこく》にこれも国際法に違反して侵略され、実質的《じっしつてき》に奪われている。

戦争に負けたからじゃない。日本は韓国とは戦争していない。

こういう日本国をみて、海底資源《かいていしげん》の埋《う》まっている沖縄県石垣市《おきなわけんいしがきし》の尖閣諸島《せんかくしょとう》を中国が奪おうと狙《ねら》っている。

戦争に負けたからじゃない。戦争が終わってから四半世紀、二十五年近く経《た》ってから突《とっ》然《ぜん》、中国は「尖閣諸島は古くから中国のものだった」と公然と嘘《うそ》をつき始めた。

いずれの領土も、日本自身が「戦争に負けたから仕方ない」と間違《まちが》って考えているから、奪われたり、危《あや》うくなっている。

しかし、こうした領土を、日本国民はまさか忘れてはいない。わたしたちには忘れたままだった領土がある。しかもそれは東京都《とうきょうと》の一部だ。首都の一部なのに、ぼく自身も忘れていた。

これはどこだろう。

東京都小笠原村《おがさわらむら》の硫黄島《いおうとう》だ。

もう一度、言う。ぼく自身も、外交と安全保障《あんぜんほしょう》の専門家《せんもんか》なのに、この硫黄島をずっと忘れていた。北朝鮮《きたちょうせん》と拉致《らち》、中国やイラク、さまざまな問題が忙《いそが》しくて忘れていた。これを思い出させてくれたのは、皮肉にもアメリカ人である。

二〇〇六年秋、アメリカ人のクリント・イーストウッド監督《かんとく》のつくったハリウッド映画《えいが》「父親たちの星条旗《せいじょうき》」が公開され、話題になった。これが第二次世界大戦末期、一九四五年二月から三月の硫黄島の戦いを舞台《ぶたい》にしているということは、ぼくも知っていたけれど、この映画にまったく関心がなかった。

勝ったアメリカの側から第二次世界大戦を描《えが》いた映画はいっぱいあるから、もはや見たくもなかった。

その頃《ころ》、出張《しゅっちょう》があって、ホテルでテレビをいつものようにつけっ放しにして原稿《げんこう》を書いていた。

するとクリント・イーストウッド監督がCNNの生放送のインタビュー番組に出てきた。そして「あの硫黄島を舞台にした映画はもう一本ある」と言った。驚《おどろ》いた。画面のなかのキャスターもびっくりして、「同じ硫黄島の戦いを舞台にして二本、映画をつくるというのはどういうわけか」と聞いた。

クリント・イーストウッド監督は「あの硫黄島の戦いでヒーローだったのは、わがアメリカの将兵《しょうへい》だけじゃない、日本の将兵もヒーローだった」と、はっきり言った。そして「ヒーローだったから、二本目は日本の視点《してん》で、日本から見た硫黄島の戦いを、硫黄島でロケをして描いた」と続けたのだった（原文はすべて英語）。

ぼくは無意識《むいしき》に、いすを蹴《け》り倒《たお》して立ち上がり、壁掛《かべか》けテレビの下に行って、おい、ちょっと待ってくれと、気がついたら声を出していた。ふだん、独《ひと》り言《ごと》は言わないのに、声が自然に絞《しぼ》り出ていた。

というのは、硫黄島は立ち入り禁止《きんし》である。その時も、今も。

ぼくら日本国民が入れない日本の島にアメリカ人が入って、そこで映画を撮《と》った。そしてアメリカの視点でつくったのならまだしも、「日本の視点だ」というのは「ちょっと待ってくれ」となる。

なぜなら、もしもその視点がずれていたら、アメリカ人の見た硫黄島の戦いなのに、日本人から見たかのように、間違った硫黄島の戦いが子々孫々までずっと伝わっていくことになる。

人気の監督だからこそ、大変だと思い、出張から戻《もど》ってすぐに防衛庁《ぼうえいちょう》（現・防衛省《ぼうえいしょう》）に行き、長年つき合ってきたある幹部《かんぶ》と会い、「ぼくを硫黄島に入れてください」と求めた。

すると幹部は、あっさり「いいですよ」

ぼくは、防衛庁も官僚主義《かんりょうしゅぎ》のはずが急に、聞き分けがよくなったとびっくりしたら、幹部は両手を振《ふ》りながら、こう話した。

「いや、青山さんね、毎年一回、遺骨収集《いこつしゅうしゅう》という名目《めいもく》でね、限《かぎ》られた場所だけれど、そこに遺骨収集団《いこつしゅうしゅうだん》も行ってもらっているし、それからNHKのテレビもそこに行ってもらっているし、それから国会議員とか有識者《ゆうしきしゃ》で硫黄島に行きたい人がいたら、そこに行ってもらっているから、そこに行けますから、そのリストに名前を入れますからちょっと時期を待ってください」

ぼくは即座《そくざ》に答えた。

「とんでもない」

どうしてか。

幹部の眼《め》を見て話した。「硫黄島が立ち入り禁止なのは、政府《せいふ》が国民に見せられないことがあるからですね。防衛庁・自衛隊にとっても都合が悪いことがあって立ち入り禁止になっている。島全体が基地《きち》だから立ち入り禁止だと、表向きはそうなっているけど、それだけが理由じゃないでしょう。あなたが言っているのは、見せてもいい部分をつくって、そこだけ見せて、テレビの硫黄島特集といっても、そこの映像《えいぞう》が中心で、それでは本当じゃない。ぼくを一日でいいから自由に歩かせてください、自由に歩いて国民のかたがたに硫黄島は本当はこうでしたと伝えたいんです」

幹部は声が急に大きくなった。

「そんなことできるわけないでしょう。あなただけ入れたら、あと、どんなことになるのか、今までもいっぱいいね、来たよ。プライドばっかり高い有名なジャーナリストとか、そういう人も入れねばならなくなって、大混乱《だいこんらん》するから、とにかく駄目《だめ》だよ。あなただってね、ひとりだけ入ったら、どうなるか。日本は嫉妬《しっと》社会《しゃかい》なんだから、そのジャーナリストらに嫉妬されて、あることないこと、ないことないことを書かれたり言われたりして、ひどい目に遭《あ》うよ。硫黄島に入ったって、別にあなたにいいことが起きるわけじゃない。あなたの利益《りえき》にはならないよ」

「利益？　そんなことは考えていないのは、あなたなら知っているでしょう」

「そりゃ、そうだよ。しかしとにかく困《こま》るよ。無理ですよ。自由に入るというのは、諦《あきら》めてください。さっき言ったツアーなら、必ず参加できるようにするから」

防衛庁のこの高級幹部は、鼻の先をしきりに小指で触《さわ》っている。彼が緊張《きんちょう》したときの、隠《かく》れた癖《くせ》だ。

●二の節

ぼくはもちろん考えを変えず、その後ちょうど二か月のあいだ、日程《にってい》の合間をどうにか縫《ぬ》って四度、防衛庁に行き、ずっと同じ言い合いの繰《く》り返《かえ》しになった。

幹部もまったく姿勢《しせい》を変えず、このままでは突破口《とっぱこう》がないと考え、ハリウッドにいきなり電子メールを出した。

ぼくはもちろん、華《はな》やかなハリウッドに、ご縁《えん》はない。しかし映画の制作会社《せいさくがいしゃ》に電子メールを出し、「硫黄島は立ち入り禁止の島です。あなた方の撮影《さつえい》クルーは、あの島に入ったのか入っていないのか、どちらでしょう。クリント・イーストウッド監督と、主演《しゅえん》の渡辺謙《わたなべけん》さんは硫黄島に上陸したのかしなかったのか、映画に出てくる硫黄島はセットなのか本物なのか、どっちですか」と尋《たず》ねた。

アメリカは戦争ばかりしている困った国だけれど、素晴《すば》らしく率直《そっちょく》な、つきあいやすいところもある。見ず知らずのぼくに、あっという間に返事が来た。

その返信メールには、こうあった。

「あなたのおっしゃるとおり、立ち入り禁止だからこそわれわれは、あなたの政府と交渉《こうしょう》をして許可《きょか》を得て、たった一日だけど自由に撮影をしました、あの硫黄島は全部、本物です。監督のクリント・イーストウッドも、それからケン・ワタナベもみな、硫黄島に行きました」

すぐさま、このEメールをプリントアウトして防衛庁に走るように向かっていき、幹部に「これはどういうことですか。アメリカ人が入れて、どうして日本国民が入れないんですか」と詰め寄《よ》った。

すると幹部は「そこまで言うのだったら」と書類を出して見せてくれた。

それは、英文で書かれた硫黄島での撮影依頼書《さつえいいらいしょ》だった。一番下にコンドリーザ・ライスという署名《しょめい》があった。アメリカ合州国（合衆国《がっしゅうこく》は上手《うま》すぎる誤訳《ごやく》）史上初の黒人女性の国務長官（当時）、ライスさんだ。日本で言えば外務大臣《がいむだいじん》にあたる。

ぼくがまじまじとそのサインを見ていると、幹部は、大きな机《つくえ》の向こうに余裕《よゆう》たっぷりの表情《ひょうじょう》になって言った。

「ね、青山さん。アメリカの国務長官閣下《かっか》が、じきじきにこうやって依頼してこられたんだよ、認《みと》めないわけにいかないじゃないの」

そのとき、ぼくは思わず身体《からだ》を乗り出して、机の上に両手を置き、幹部の顔に顔を近づけて、「あなたは一体何を言っているんだ」と大声で言った。

幹部の顔に、怒気《どき》があらわれた。眼の奥《おく》に、ぎらりと強い光がみえた。交渉上手で知られたこのひとの、本性《ほんしょう》でもある。

ぼくは構《かま》わず、幹部にもっと、のし掛かって叫《さけ》んだ。

「硫黄島は、東京都小笠原村の硫黄島だよ、ぼくたちの島だよ、アメリカ国務長官がなんぼのもんだ」

幹部の鼻に、ぼくの鼻が一瞬《いっしゅん》ぶつかった気がした。なんやら柔《やわ》らかいような、それでいて固いような妙《みょう》なものを鼻に感じたからだ。はたからみれば滑稽《こっけい》な光景である。

幹部は叫んだ。

「ああ、そうか、そんなに行きたいのだったら、おまえ、勝手に行けよ」

部屋の空気が凍《こお》りついた。ぼくのうしろには幹部の部下が三人、座《すわ》っていた。

ぼくは「あ」と叫びそうになった。実際《じっさい》に、小さく叫んだかもしれない。

「そんなに行きたいのだったら、すぐ許可を出してやるから勝手に行ってこい。防衛庁・自衛隊は一切協力しないからなっ。しかし勝手に行ってこい」

ぼくはそのとき、彼の鼻のところで手を合わせて拝《おが》んだ。

部下がいるから、そういう言い方をしたのであって、彼の眼は優《やさ》しい、優しいというのか、あえていうと友達の眼というか、人間の眼というか、そんな表情に変わっていた。

青山、この野郎《やろう》、硫黄島へ行ったって何もないんだよ、おまえはそんなところへ行って何がしたいんだよ。

そんな風に、眼が急に変わっていた。

ぼくは『部下の手前、こんな言い方をしているけれど、ぼくの気持ちを分かってくれたんだな』と思った。

そして実際に許可は出された。自由に硫黄島に入り、何を見てもいいという許可だった。

●三の節

ところが、行く手段《しゅだん》がない。

幹部は甘《あま》くはない。約束は、何から何まで言葉の通りだった。防衛庁・自衛隊の協力は何もない。すなわち自衛隊機で行くことができない。

立ち入り禁止の島だから、もちろん民間機は飛んでいない。海上保安庁《かいじょうほあんちょう》も硫黄島を使っているから、保安庁の幹部に連絡《れんらく》を取ったら、防衛庁との関係なのだろう、今回に限っては何もできませんという非公式回答《ひこうしきかいとう》が返ってきた。

（これから四年ほど後のこと、奈良《なら》で講演《こうえん》したときにこの話をすると、奈良県知事が講演が終わったぼくのところへおいでになり、こう言われた。

「私は、海上保安庁の長官を務《つと》めていました。私は硫黄島に何回も行きましたけどねぇ」

つまり、『自分たちは海上保安庁機でふつうに行っていたけれどなぁ』という意識である。知事には申しわけないが、その意識が一番おかしい。自分たちは海上保安庁の長官や保安官でふつうに硫黄島に行っているけれど、主権者《しゅけんしゃ》の国民は立ち入り禁止であり、それから例えば、その長官機が降《お》りた滑走路《かっそうろ》の下に何が眠《ねむ》っているかを考えたことがないということだ。その意識のずれというものを、あらためて感じないわけにいかない）

自衛隊もだめ、海上保安庁もだめ、民間機も行かない。そして硫黄島には港がない。あまりに環境《かんきょう》が厳《きび》しくて、港をつくれない。米軍が占領《せんりょう》したあと、港をつくろうとして結局、失敗し、堤防《ていぼう》代わりにしようと沈《しず》めた船の黒い残骸《ざんがい》が海辺に散らばっている。

したがって、最終的にどうしようと考えたかというと、近くまで船で行って、そこから飛《と》び込《こ》んで泳いでいこうとした。

もちろん本気であった。ぼくは公認《こうにん》ライセンスのあるダイバーでもあり、充分に可能《かのう》だと考えた。

ただし勝手にやるわけにいかない。

海の治安を預《あず》かる海上保安庁の別の幹部に知らせたら、「青山さん、港も造《つく》れない硫黄島の荒《あら》い海に送り出すわけにいきません。もしも実行するのなら、阻止《そし》せざるを得ませんね」と告げられた。

もはや万策《ばんさく》、尽《つ》きた。

沢山《たくさん》の仕事と詰まった日程をこなしながら、ぼくは胸《むね》のうちの隅《すみ》っこで膝《ひざ》を抱《かか》えて茫然《ぼうぜん》と座り込む心境《しんきょう》だった。

せっかく奇跡《きせき》のように許可が出たのに、島に入る手段がない。日本の、それも東京の一部の島に入るのに手段がない。

あの巨大《きょだい》な戦争であった第二次世界大戦のなかでも、硫黄島の戦いは、もっとも知られた戦いのひとつだ。

六千万人が殺された大戦で、いちばん悲惨《ひさん》な肉弾戦《にくだんせん》だったこともある。しかし、それだけではなく日本、アメリカ双方《そうほう》の将兵がおのれを顧《かえり》みずに戦ったことと、勝利国アメリカの将兵の死傷者《ししょうしゃ》が、敗戦国日本の将兵のそれを唯一《ゆいいつ》、上回った、アメリカの払《はら》った犠《ぎ》牲《せい》のほうが大きい戦いだったことで、アメリカをはじめ世界に記憶《きおく》された。

だからこそクリント・イーストウッド監督は二本の映画を創《つく》り、うち一本を日本への敬《けい》意《い》を込めて、日本の視点で制作するという映画史上初めてのことを成したのだった。

ところが日本では見事に忘れられていた。だから、島に入る手段がなくても、ひとりの国民すら気にしなかったのだ。

ぼくはそれを思い、そして、おのれの非力を恥《は》じて、表現《ひょうげん》できないような空《むな》しさを味わった。

そして大阪《おおさか》へ出張した。毎週火曜には、近畿大学《きんきだいがく》の経済学部《けいざいがくぶ》で国際関係論《こくさいかんけいろん》を講じ、翌日《よくじつ》の水曜には、関西《かんさい》テレビの良心派《りょうしんは》の報道番組《ほうどうばんぐみ》「スーパーニュース・アンカー」の生放送に参加（出演）するからだ。

そのアンカーの本番前に、ぼくが関西テレビの報道部にいると、佐藤さんという若手《わかて》の記者が声をかけてきた。ふだん、さほどつき合いはない。その彼が寄ってきて、「青山さん、一つ聞きたいんですが、ひょっとして硫黄島に行けますか」と聞いた。

ぼくは内心で、驚いた。これまでのすったもんだを、彼は何も知らないはずだ。誰《だれ》にも話してはいない。

「えっ」と応《こた》えると、「いや、映画で硫黄島の戦いのことをやっているでしょう。だから現地で取材できればと思って防衛庁に問い合わせしたら立入禁止で全然入れません。防衛庁の幹部研修《かんぶけんしゅう》の講師《こうし》を長年されている青山さんだったら、ひょっとして行けるのかなと思いまして」と佐藤さんは言った。

ぼくは胸のうちでますます驚きながら、こういうのを天の差配《さはい》というのかな、と思った。頭の中に浮《う》かんだのは、取材機だった。

ぼくは共同通信《きょうどうつうしん》の記者を二十年務めたから、関西テレビには飛行機はないけれど関西テレビの属《ぞく》しているFNN（フジ・ニュースネットワーク）はジェットの取材機を持っていることを知っていた。

そうか、あの飛行機があると思った。関テレを通じてFNNに飛行機を出してもらうことはできるのじゃないか。佐藤記者と一緒《いっしょ》に乗り、カメラクルーも乗り、ぼくの動きの何を撮ってもらっても結構《けっこう》、そしてまさしくアンカーで放送すれば、国民にほんとうの硫黄島の戦いを伝えられるかもしれない。

佐藤記者には「交渉してみます」とだけ応えた。行く手段を確保《かくほ》できるとしたら、最後にやることがあったからだ。

防衛庁というところは、ぼくが得た文民の許可だけでは、まだ足りない恐《おそ》れがある。現《げん》在《ざい》の硫黄島にいるのは、海上自衛隊の部隊だ。内局の文民の許可だけでは、「制服組《せいふくぐみ》」と呼《よ》ばれる海上自衛隊が横になる、つまり反対して阻《はば》むかもしれない。

そして海上自衛隊に確認《かくにん》をとろうとすると、案の定というか悪い予感どおり、海上自衛隊のある佐官《さかん》から「やっぱり、駄目です」と電話がかかってきた。

「どういうことでしょうか。今までの交渉経過《こうしょうけいか》も知っているでしょう、それからぼくの意図も知っているでしょう、どうしてですか」

「いや、とにかく駄目です」

その佐官には無理押《むりお》ししないで、信頼関係《しんらいかんけい》のある将官に電話をした。

将官は「調べます」と答えて、やがて電話をくれた。

「とにかく青山さんに見てもらっては困るものもあるんです、ということらしいんですよ、現場《げんば》は」

「見てもらって困るものがあるから、行くんです」

「うーん。それじゃ行けませんよ」

ぼくの胸に黒い雲がかかるような息苦しさを感じた。やっぱり、すべて空しいのか。その内心の不安と戦いながら、ぼくが社長を務めている独立総合研究所《どくりつそうごうけんきゅうしょ》の社長室でひとり、電話を握《にぎ》り締《し》めた。

「あなた自身は、いかがですか。ぼくに見られてはいけないとお考えですか」

「いや、それは違《ちが》うね。わたしはむしろ、よおく見てもらった方がいいと思う。今まで硫黄島を制限《せいげん》なく見た人はいないからね。虚心坦懐《きょしんたんかい》に見てもらうことが、あっていいと思う。しかし、現場が動かないと、飛行機が降りられませんよ」

「聞いてください。海上自衛隊はぼくたちのものです。この国の主人公の国民のものです。自衛官の自衛隊ではありません。あなたが、むしろ青山によく見てもらった方がいいとお考えなのは、その志《こころざし》が同じだからですね。自衛官のための自衛隊じゃなくて、国民のための自衛隊だから、自衛官はみな、ほんとうのやり甲斐《がい》がある。その点で、あなたとぼくはずっと一致《いっち》してきましたよね」

将官は、電話の向こうで黙《だま》って聴《き》いている。

「であれば、あなたが現場の自衛官たちを説得してください。見せたくないというなら、ぼくはふだん国民に発信している以上、必ず、見なければいけません」

「うーん、諦めてもらえないかな」

「ぼくは、引き下がりません」

「なぜ、そこまで。硫黄島じゃないところだったら、案内しますよ」

「硫黄島で、ぼくらのためだけに戦った英霊《えいれい》のかたがたが、待っておられる気がするからです。故郷《こきょう》に帰れないかたがたが、きっと待ってらっしゃいます」

将官はふと、長い息を漏《も》らした。電話口から、はっきり聞こえた。そして「分かりました」という低い声が聞こえた。

ぼくは黙った。

将官も短いあいだ黙り、それから「分かりました」ともう一度言い、「現場に話してみます」と言ってから、電話が切れた。

●四の節

そして、二〇〇六年十二月九日、奇しくも一九四一年十二月八日に日本海軍がハワイの真珠湾《しんじゅわん》を攻撃《こうげき》した翌日の早朝に、ぼくは羽田空港《はねだくうこう》の隅っこにいた。あたりは倉庫がまばらに建っている。にぎやかな羽田空港に、こんな寂《さび》しい場所があるとは知らなかった。

そのひっそりとした一隅《いちぐう》から、FNNの六人乗りの小さなジェット機で真南に向かって、飛び立った。

羽田空港を起点に真っすぐ南下してゆくと、突《つ》き当たるのはサイパンやグアムのアメリカ領マリアナ諸島だ。かつては日本が統治《とうち》していた。

あの戦争の末期が近づき、アメリカ軍はここまで盛《も》り返《かえ》してきて、一九四四年の十一月に、このマリアナ諸島から爆撃機《ばくげきき》を長躯《ちょうく》、飛ばして日本本土の爆撃を開始した。翌年の夏には、マリアナ諸島のひとつテニアン島から、広島《ひろしま》、長崎《ながさき》のふつうの市民を大量に殺害するために原爆を積んだ爆撃機が飛び立つことになる。

アメリカ軍としては、長距離《ちょうきょり》爆撃機が日本の本土を襲《おそ》う、そのときに戦闘機《せんとうき》の護衛《ごえい》も受けたい。爆撃機が日本国民をたくさん殺して帰ってくるとき、損傷《そんしょう》を受けていたり故障を起こしていれば、安全に不時着して修理したりできる場所も欲《ほ》しい。

しかしマリアナ諸島から、たとえば東京までは往復《おうふく》およそ五千キロを超《こ》える。そのままでは戦闘機は航続距離《こうぞくきょり》が足りなくて、護衛できない。爆撃機の帰りも、損傷や故障があれば海に墜落《ついらく》するしかない。

もしも途中《とちゅう》に、どこかに場所があって給油したり修理できれば、日本をもっと効率的《こうりつてき》に爆撃できて、もっと多くの市民を殺害できる。

そして神様のいたずらなのか、ちょうど真ん中にあるのが硫黄島だ。羽田から硫黄島まで一二一〇キロ、そして硫黄島からマリアナ諸島のたとえばサイパン島までがおよそ一一六〇キロだから、まるで測《はか》ったようにちょうど真ん中である。

さらには、硫黄島の形すら運命的だった。

ひょうたんを逆《さか》さにしたような姿《すがた》で、そのひょうたんの底にあたる北の端から、島の中央部へずっと真っ平らだ。そして南の端だけが、山だ。摺鉢山《すりばち》である。富士山の火山帯につながる、大きな火口を持つ印象的な火山が盛り上がっている。そこだけが山で、あとは真っ平らで、まるで自然の滑走路にも見える。

だからアメリカにとってこの硫黄島を取れば、ここを絶好《ぜっこう》の中継拠点《ちゅうけいきょてん》として、殺せる日本国民は何倍にもなる。そして硫黄島を奪いにきたのが、一九四五年二月十九日に始まり三月二十六日に終わる硫黄島の戦いになる。

侵略が始まるとき、海上のアメリカ軍海兵隊の指揮官《しきかん》は、「われわれは史上初めて、日本のsacred land（聖《せい》なる領土）を侵《おか》すのだ。凄《すさ》まじい抵抗《ていこう》があるだろう。心してかかれ」と訓示《くんじ》した。アメリカは実は日本をよく理解《りかい》していた。その通り、ぼくらの祖国は、世界の例外であった。二千年以上もひとつの国家、ひとつの文化、ひとつの皇統《こうとう》を維持《いじ》し、ただの一度も、領土を外国に侵されたことがなかった。東京の南、硫黄島が奪われれば、初めての被占領《ひせんりょう》を許《ゆる》すことになるのだった。

ぼくが乗ったジェット機が飛び立って、三十分が過《す》ぎた。そのとき、機は六千メートルの高さまで上昇《じょうしょう》した。小さくてもジェットはジェットだから、その高度まで上がった。すると、島影《しまかげ》が何もなくなった。

ぼくはそれまで熱心に、島々を目で追っていた。しかし何も見るものがなくなった。ただ海だけ。たまたま船影《せんえい》もない。

ふっと、頭の中が空っぽになった。ぼくは社会人になってからずっと、子供《こども》の頃にこれが分かっていたら大人になりたくなかっただろうと思うほどの忙しさのなかに生きてきた。そうやって頭を空にする感覚は、おそらく二十年、三十年ぶりだっただろう。

何も考えることがなくなって、狭《せま》い機中の左側《ひだりがわ》の窓際《まどぎわ》に、壁に身体をくっつけて座っていた。すぐ右前にはパイロット、左前には副操縦士《ふくそうじゅうし》。そして斜《なな》め後ろに関西テレビの佐藤一弘《さとうかずひろ》記者（現・ＦＮＮベルリン特派員）と長身のカメラマン田中秀尚《たなかひでたか》さん、若い女性の撮影助手、星川百花《ほしかわももか》さんがいた。ぼくは小さな楕円《だえん》の窓から、何もなくなった海を見ていた。

その瞬間、両足の間から、座っている足の間から、物凄《ものすご》い数の何か、百とか千ではなく万を超える数の何かが入ってきて、ぼくの目や鼻や口から、うわあっと抜《ぬ》けていった。

何が起きたかわからない。声が聞こえた。

戻せ、戻せ、帰せ、帰せという声がどっと体内で響《ひび》いて、さっとすべて消えた。

そのとき背中《せなか》を駆《か》け抜《ぬ》けるように、ぼくは一体おのれがほんとうは何をしようとしているのか、ここまでの交渉はほんとうは何だったのか、それを一瞬で理解した。

ぼくが見ていた何もない南の海を、たった六十年ほど前に……それは、ついこの間である。日本は二千年を超える歴史を持つから。

たった六十年ほど前に、およそ二万一千人の祖国の先輩《せんぱい》たちが硫黄島に向かっていった、その海なのだ。

「俺《おれ》は連れていかれた」と語りたい人も、沢山いるだろう。戦争末期であるから、職業《しょくぎょう》軍人《ぐんじん》はおよそ千人ほどしかいなかった。多くは、三十歳代《さんじゅっさいだい》を中心に働《はたら》き盛《ざか》りの、家族を持つふつうの男性だった。

この真下の海を渡《わた》っていって、硫黄島に着いて、およそ二万一千人のかたが戦って、およそ二万人が亡《な》くなった。玉砕《ぎょくさい》である。

玉砕は、例えばサイパン島でもアッツ島でもガダルカナル島でもたくさん起きた。それらの玉砕の島々からも、いまだに遺骨は一部しか帰ってきていないけれども、すべて外国だ。遺骨が帰郷できないのは、無念であり、おかしいけれど、外国だから日本の自由にはできない。

ところが硫黄島は東京都の一部だ。東京の小笠原村だから、戦争が終わったら本来は遺骨を取り返すのに何の障害もない。しかし硫黄島で殺された、およそ二万人のかたがたのうち遺骨となって、故郷に帰れたひとはいまだに八千数百人に過ぎない。いまだに、今日この瞬間も、およそ一万三千人のかたが硫黄島に閉《と》じ込められている。

ぼくの中に入ってきて、帰せ、戻せと言われたのが、そのおよそ一万三千人のかたがたかどうか、もちろん分からない。それでもぼくは、おまえが今、見ている南の海を渡って、俺たちは硫黄島に入り、そこで戦って死んだ、祖国とふるさとのために戦った、俺たちを今、故郷に帰せ、という声にありありと聞こえた。

硫黄島は立ち入り禁止であり、島に閉じ込められた、ぼくらと同じ日本国民の存在《そんざい》が国民に伝わらなくなって久《ひさ》しい。それを甦《よみがえ》らせるために、硫黄島に行くのだと、それが務めであると、ぼくは深々と理解した。

●五の節

そして、そこから二時間を飛んだ。硫黄島までジェット機でおよそ二時間半である。

霞《かすみ》の向こうから、緑がかった島が見え始めた。ぐんぐん近づくと、まず南端の摺鉢山が動物の頭のように現《あらわ》れ、そこから伸《の》びる背中のように、後ろに真っ平らな島が広がっている。

　真上の空に達すると、慰霊《いれい》のためにぐるりと一周回ってもらう。摺鉢山は、ほんとうに擂《す》り鉢の形になっている。火山の火山らしい姿である。ところが、その大きな火口の上を機が巡《めぐ》ると、海側の方はほとんど崩《くず》れて、火口が失《うしな》われている。

　アメリカ軍の艦砲射撃《かんぽうしゃげき》、それから爆撃によって火口が吹《ふ》き飛んでいるのだ。話で聞き、資料《しりょう》を読み、写真で見るのと、現実の違いをあらためて感じないわけにいかなかった。なんという凄絶《そうぜつ》な攻撃《こうげき》だったのか。

　この山にも、沢山の日本の将兵が張《は》り付《つ》いていたのだ。火山の形がなくなるまで撃《う》ち込まれて、どうやって生きていられるだろうか。

　この摺鉢山の頂《いただき》を、激《はげ》しい戦闘のなかで占領したアメリカ兵たちは、星条旗を結んだ一本のポールを、手を添《そ》え合って立てた。そのポールは実は、日本軍が島に敷設《ふせつ》した水道管であった。

　従軍《じゅうぐん》カメラマンのローゼンタール記者がその光景を撮った写真は、ピュリツァー賞をとり、世界に有名な一枚となり、戦勝国のアメリカでは写真をそのまま立体の巨大な彫《ちょう》刻《こく》にして、首都ワシントンＤＣの広場に据《す》えている。

いつ行っても、日本人の観光客も笑顔で、その彫刻を背に記念写真を撮っている。しかし、硫黄島はわたしたちの島だ。他国に侵され、異国の国旗を立てられて喜ぶわけにはいかない。そして、その山で殺された同じ日本人が遺骨となってなお、取り残されたままだとは、おそらく想像《そうぞう》もしないのだろう。

観光客のせいではない。わたしたちの先輩のことを何も教えない日本国の教育のせいである。ぼく自身、この一枚の写真を子供の頃から、よく眼にした。社会や歴史の本に馴染《なじ》んで育ったから、何度も眼にした。しかし、ほんとうの意味を知らなかった。「戦争の終わりを告げる感動的なシーン」の写真だと、それらの本の書きぶりによって思い込まされていたのである。勝ったアメリカ兵たちの連帯感、高揚感《こうようかん》だけを教わって、その足元で頭が割《わ》れ、はらわたが飛び出ている祖国の将兵のことは何も教わらなかった。なんと恐ろしいことだろう。

観光客であれ、出張でワシントンDCに来たビジネスマンであれ、さまざまな考え方がある。しかし諸国の国民は、その考えの違いの下《もと》に祖国という共通の土台を持っている。わたしたち、敗戦後の日本の国民だけが、それを持たない。

ローゼンタールの写真には、「Ioujima（イオウジマ）の星条旗」という題が付いている。

東京都の硫黄島は「いおうとう」である。島は「とう」と読み「じま」ではない。鹿児島《かごしま》県《けん》に「いおうじま」と読む別の硫黄島がある。

しかしアメリカ軍に占領されたという理由だけで、わたしたちはアメリカ軍が間違って呼んだ名前をそのまま受《う》け容《い》れ、迷《まよ》うことなく島の名を変えていたのだ。

戦争に負けたら、すべて戦勝国のなさることを受け容れねばならないと思い込んできたことは、こんなにも細部まで、隅々まで及《およ》んでいた。硫黄島のかつての住民は正しい名前に戻すよう政府に願《ねが》い続《つづ》けた。ぼくも首相に直接《ちょくせつ》、願いを伝えたが、おそらく何も効果はなかった。硫黄島に棲《す》んでいたかたがたの諦めない気持ちが決め手となったのだろう、二〇〇七年にようやく国土地理院《こくどちりいん》が「いおうとう」の名に戻した。

ところが島の名がなぜ、変えられていたのか、それをなぜ元に戻したのかを、政治もメディアもだれも語らない。だから国民に浸透《しんとう》しない。硫黄島の英霊にきちんと関心のあるひとでも、「いおうじま」とおっしゃるから、ぼくはひとりひとりに、いまもお願いを続けている。

眼下《がんか》に迫《せま》る摺鉢山の、破壊《はかい》された巨大な火口をみながら、ぼくはワシントンＤＣの現在の光景を頭に浮かべ、二時間まえの「戻せ、帰せ」という声を想《おも》った。

機は、アメリカ兵が上陸してきた浜辺《はまべ》の上も飛び、硫黄島をぐるりと一周し、滑走路に入っていった。滑走路は、日本国海上自衛隊の滑走路である。アメリカ軍は硫黄島を占領したあと、二十三年後の一九六八年に硫黄島を日本に返還《へんかん》した。

その滑走路に機が着陸し、ここでもまた倉庫の隅に機体を寄せた。さぁ、硫黄島だ。

小さな飛行機だから、滑走路に降り立つためのステップは三段ほどの低い、細いはしごだ。そのはしごが降りられない。

なぜか両足が凍りついたようになって動かない。ぼくは、ふだん脚力《きゃくりょく》が強い。その足が動かない。

その理由は、ぼくにはもう分かっていた。

ぼくだって忘れていた。北朝鮮とかイラクとか中国とか忙しくて忘れていたけれど、防衛庁の非公開のものも含《ふく》めて官民のさまざまな記録は読んでいた。その記録のなかに、滑走路の正体が浮かびあがっていた。

きょう、たった今も、自衛隊、海上保安庁、そして在日米軍が使っている滑走路の正体は、一九四五年三月、硫黄島の戦いの真っ最中に、地下壕からも地上からも日本兵の亡骸《なきがら》を収容《しゅうよう》することなく、弔《とむら》うことなく、その顔の上に、胸、腹《はら》、足の上に直接、アメリカ軍がコンクリートを流し込んで造った滑走路だ。

アメリカのその行為《こうい》を責《せ》めるのが、この一文の目的ではない。住民のかたがたは硫黄島に残っていなかった。硫黄島の戦いの指揮を執《と》った栗林忠道《くりばやしただみち》・帝国陸軍中将《ていこくりくぐんちゅうじょう》がよく考えられて、住民をすでに小笠原諸島の父島《ちちじま》などに移《うつ》していたから住民は誰もいない。巻《ま》き込まれた住民は（軍属《ぐんぞく》を除《のぞ》いては）いない。だから、硫黄島は戦闘員と戦闘員の戦いであり、この滑走路整備を急いだ行為も国際法違反とまでは言い切れない。ただ、アメリカの行為は無残《むざん》な行為であることも、確かである。アメリカは、とにかく一日も早く硫黄島に使いやすい滑走路を造りたかったから、そうした人の道を外《はず》れた工事をした。これをどう考えるかは、アメリカ国民の問題だ。

わたしたちの問題は、われらがこの国の主人公として、この国の最終責任者《さいしゅうせきにんしゃ》として、わたしたちの選んだ政府、当時は自民党政権《じみんとうせいけん》の政府と、わたしたちが賛否両論《さんぴりょうろん》あっても育《はぐく》んできた自衛隊が、何をしたかということだ。

先に述べたように、硫黄島は一九六八年に日本に返還された。日本は敗戦から七年後の一九五二年の四月二十八日に、サンフランシスコ講和条約《こうわじょうやく》が発効《はっこう》して主権と独立を回復《かいふく》した。そのあともなお、この硫黄島や沖縄などはアメリカに占領され続けた。しかし一九六八年に、硫黄島が真っ先に日本に戻された。沖縄返還の四年まえである。戻ったとき直《ただ》ちに、この滑走路を引き剥《は》がして遺骨をまず収集して故郷に帰っていただく、それが世界の常識《じょうしき》だ。どんな国でも、勝とうが負けようが関係ない。

話すのは辛《つら》い、つらいけれども、滑走路を引き剥がさないだけでもおかしいのに、あろうことか、一部だけ剥がした。滑走路の西端《せいたん》の一部だけ剥がした。後で文句《もんく》を言われるかもしれないから一部だけ剥がして、その遺骨は取り戻したから、それもあって一部の遺骨だけ日本に帰っている。

遺骨は滑走路の下だけではない。草の下、岩の下、地下壕《ちかごう》の奥、島の全体にある。そのうち滑走路については西端の一部だけ、およそ二割《にわり》程度を剥がして、大部分は、海上自衛隊や海上保安庁がそのまま使い続けた。

ぼくは記者出身だから、その頃の当事者に直接、聞いた。実名で答えた方はいらっしゃらないけれど、匿名《とくめい》ではいろんな方が答えてくれた。一言《ひとこと》でいうと「便利《べんり》」だから、であった。「そのまま使い続ける方が便利だったから」

「硫黄島がアメリカ軍から日本に返還されて、自衛隊のために滑走路の改修工事をするとき、滑走路の下敷《したじ》きになっている地下壕の中の遺骨を含めて、傷つけないように配慮《はいりょ》はしました。しかし、なぜ、遺骨を取り戻さなかったのかと言われると、あの頃は、そんなことを言う人も考える人もいなくて、自分も、それに巻き込まれていたとしか言いようがない。いま、青山さんにあらためて指摘《してき》されて、なぜ、自分はそのまま工事していたのか、自分で自分が分からなくなる」。ぼくの講演を聴いた方から、こういう趣旨《しゅし》をEメールで頂《いただ》いたこともある。文面から苦しみが伝わってきた。工事関係者のひとりとして、責任《せきにん》を感じていらっしゃった。

ぼくの責任も同じだ。忘れていたのだから。

ぼくも、この小さなジェット機から足を滑走路に降ろしたならば、この二本の足で、汚《きたな》い足で、わたしたちのためにこそ亡くなった、わたしたちのためにあえて殺された先輩の頭とか顔とか喉《のど》とか胸とか腰《こし》とかを踏《ふ》みつけにするのだ。

ぼくがどうにも降りられないでいると、そのあいだにも、たとえば航空自衛隊の国産ジェット輸送機《ゆそうき》C1が、その迷彩色《めいさいしょく》の機体でどんと滑走路に降り立ち、しばらく滑走路を走って目の前に停止した。あぁ、その重い機体の下で、いま、再《ふたた》び踏みつけにされた。

これが三十年、四十年と続き、きょうも続いている。

ぼくは一方で、小型ジェット機のクルーにこれ以上、迷惑《めいわく》をかけるわけにいかなかった。ぼくが降りないと、狭い乗降口《じょうこうぐち》だから、誰も降りられない。クルーは帰りに備《そな》えて機体を点検《てんけん》せねばならない。関西テレビの佐藤記者やカメラ・クルーにも迷惑がかかる。


足をぎりぎりと無理に動かして、降りた。

降りて、土下座《どげざ》をした。土下座は生まれて初めてだった。滑走路のコンクリートを撫《な》で回して、手のひらをじっと当てて「この下にいらっしゃるみなさまがた、こころから申しわけございません、何ということか、皮肉なことにアメリカ人の映画監督が思い出させてくれるまで、ぼくたちは、みなさまのことを忘れていました。何ということでしょうか。ようやく、目が覚《さ》めて、やっとここに参りました」と、ちいさな声に出して話しかけた。

そして「これから硫黄島の中を見せていただいて、それを、ぼくが生きている限りは必ず国民のみんなにありのままにお伝えしますから、今から島の中を見せてください。どうかお許しください」とお願いをして、そして硫黄島の中に入っていこうとして、気がついたら後ろに黒い軍用ジープがいた。

軍用ジープ、海上自衛隊のジープがうずくまるように控《ひか》えている。ぼくはそこに走り寄っていった。中を覗《のぞ》きこんだ。

●六の節

ジープの中には、二十歳《はたち》前後の若い海上自衛官二人と、防衛庁のベテラン幹部の三人が乗っていた。

「お疲《つか》れさま」と、声をかけた。

すると、さっと目を逸《そ》らせて顔を背《そむ》けた。

一瞬、驚いた。すぐ理解した。

ぼくを尾行《びこう》しにきたんだな、監視にきたんだな。やはり見られては都合の悪いところがあるんだろう。

しかし、これは彼らの任務《にんむ》だ。命じられた任務を忠実《ちゅうじつ》に果たそうとしているのだから、もう何も言わず、ぼくはまず硫黄島の海上自衛隊部隊を指揮する建物に入っていった。

ジープの三人のことは何も言わず、ある高級士官と向き合った。士官は白い海軍服を着ている。敗戦で、大日本帝国海軍は解体《かいたい》され、制服も失った。現在の海上自衛官の制服は、アメリカ海軍に似《に》せてある。帝国海軍は、日本人の体型にも合う、凛《りん》とした詰《つ》め襟《えり》姿《すがた》だったが、海上自衛隊はネクタイ姿に変わった。

だが、海軍服は細かな違いはあっても、ほぼ世界共通だ。それが陸軍とは違うところであり、海軍は他国と日常的に交流するから、共通の部分を制服に持っている。

だから、海上自衛官の制服も、日本国内ではそう意識されなくても、諸国の海軍とも、そして滅《ほろ》びた帝国海軍とも共通する海軍服だ。夏服は白く輝《かがや》き、冬服は濃《こ》いネイビーブルーで深みがあり、世界のどこの海軍士官も誇《ほこ》りをもって着用している。

その白い海軍服の高級士官は、開口一番、「青山さん、やっぱり本当においでになったんですね。青山さん、安心してください。私たちはこの硫黄島でちゃんと遺骨も収集しましたしね」と言った。そして壁の地図のまえへ歩み、「島をざっと説明しましょう」と続けた。

ぼくは内心で、胸を突かれた。型どおりの「島の概要説明《がいようせつめい》」を聴きながら、なぜ、この立派な士官は、ほんとうのことを武士《ぶし》らしく言わないのだろうかと苦しく思った。

そして、逆さひょうたんに見える硫黄島の地図の前で士官に向き直り、言った。

「士官（実際には名を階級とともに呼んだ）。たとえば滑走路は西端の二割を剥がしただけですね。およそ二万人の戦死者のうち、ふるさとに帰られたのは、たったの八千数百人ですね。あなたの立っている、その下にも、わずか六十年前の海軍将兵や陸軍将兵がいらっしゃる。わたしの、この汚い足の下も同じです」

士官は息を呑《の》み、「ご存じでしたか」と呟《つぶや》いた。ほんとうは率直なひとだと、思った。

「申しわけございませんが、あなたのその白い海軍服を、英霊はじっとご覧《らん》になっていると思います。すこし様子は変わったけれど、日本国は間違いなく続いている、滅亡《めつぼう》してはいないと、見ておられるのではないでしょうか」

士官は、ぼくの眼を見ている。

「英霊となったかたがたは、耐《た》えて耐えて、それでもあなたと硫黄島のすべての将兵を信じようとなさっていると思います。あなたも厳しい任務をこなしていらっしゃるけれど、硫黄島は環境がまさしくあまりに厳しいから、みな一年で交代されますね。あなたは、あと数か月で東京に帰れる。ぼく自身も、たったの一日いただけで、東京に帰る。しかし、あなたとぼくの足の下の先輩がたは、六十年間、閉じ込められて、これからまだ五十年も百年もずっと閉じ込めるのですか」

士官は、「分かります。確かに、そういう事実はあります」と短く答えてくれた。

ぼくはおのれを励《はげ》まして、言葉を続けた。

「もう一つ、この機会に話さなければいけないことがあります。海上自衛隊の硫黄島部隊と言いながら、ほんとうは救難《きゅうなん》ヘリが二機いるだけですね。海上防衛のプロに申して恐《きょう》縮《しゅく》ながら、この硫黄島のすぐ南方に沖《おき》ノ鳥島《とりしま》があります」

士官は、頷《うなず》いた。

「そこには、中国海軍がずっと仕掛けてきていますね。独立総合研究所は、ちいさな民間シンクタンクですが、海に出ていって、日本の自前資源《じまえしげん》のメタン・ハイドレートを見つけて護《まも》るために計量魚群探知機《けいりょうぎょぐんたんちき》から、超音波《ちょうおんぱ》を出します。そこに中国海軍の船がせり出してきて、強力な超音波を出して妨害《ぼうがい》することもあります。それでも負けません。丸腰でも、やれることはあります。海上自衛隊のように、中国海軍をほんとうは上回る実力があれば、やれることはもっと根本的に沢山あります」

士官は、今度は深く頷いた。

「やがて中国海軍は空母《くうぼ》を保有します」

「そうですか、やはり、そうですか」

「ぼくは中国に空母を売ろうとしていたフランスの海軍や国防省とパリで議論して、中国はむしろ空母の自主建造《じしゅけんぞう》を狙っているなと考えました。その空母が『間違って、沖ノ鳥島に乗り上げる事故がありました』などと言いつつ沖ノ鳥島を破壊することだってあり得ますね。中国は、沖ノ鳥島を島じゃなく、ただの岩だ、だから日本領じゃないと言っていますから。もしも沖ノ鳥島が壊《こわ》されたら、日本は領海と排他的経済水域《はいたてきけいざいすいいき》をずいぶんと失うことになる。だからこそ、中国海軍は沖ノ鳥島あたりに艦を出しているんです」

「それは、そうでしょうね」

「だから海上自衛隊は、硫黄島には必ず戦闘部隊を置かねばなりません。救難ヘリだけじゃいけない」

士官は、答えない。

「海の指揮官に申すのは僭越《せんえつ》ですが、わが自衛隊がここに戦闘部隊を置くのは戦争を起こすためではない。逆ですね。戦争を起こさないために、中国海軍がそのような行動に出て日中の緊張が高まって争いや戦いにならないためには、硫黄島に必ず戦闘部隊を置かなければいけない。なのに救難ヘリ二機で、いいでしょうか」

士官は「いや、良くはないです」と応えた。

「昔も今も、硫黄島の戦略的意味は変わりませんね。ぼくらの足の下の先輩は、この戦略的な領土を護って、みな戦死なさいました。なのに踏みつけにしている」

士官は、すこしうつむき、「そうです」と呟いた。

「いいえ、あなた個人の責任ではありません。ただ、あなたは白い海軍服を着ているのだから、やがて数か月たってあの防衛庁に戻ったら二つのことを言ってくれませんか」

「二つ、ですか」

「そうです。二つだけで、いいのです。まず、滑走路は引き剥がさなければいけない。国民の声を、国民の力をお借りして滑走路の引き剥がしをして、英霊をみな取り戻しましょうと提案《ていあん》してください。もう一つは戦闘部隊を置くべきだと、最前線の声として主張してください」

士官は顔を上げて、はっきりと「分かりました」と言った。

ぼくは胸のうちで『海上自衛隊の偉《えら》い人が、一民間人のぼくに言われてご不快《ふかい》だろうに、よくぞ、最後まで聞いてくださった』と深く感謝《かんしゃ》した。

そして、士官と固く握手《あくしゅ》をして、滑走路のある外へ出た。

さぁ、島の奥へ入ろう。

●七の節

外には、先ほどの黒い軍用ジープがうずくまるように控え、そのかなり前方に、グレーの四輪駆動車《よんりんくどうしゃ》が停《と》まっていた。

その車に近づいていくと、白いヘルメットを被《かぶ》った男性が降り、にっこりなさった。鹿《か》島建設《じまけんせつ》の硫黄島事務所長、水野次男《みずのつぐお》さんである。

敗戦後の硫黄島は、立ち入り禁止の島だから、自衛官や海上保安官らしかいない。民間人はいない。しかし例外として、工事事務所に民間人がいつも数人は、詰めている。

硫黄島は、前述したように港が造れないぐらい激しい気候だから、自衛隊の施設《しせつ》が毎日のように、どこかは壊《こわ》れる。したがって建設会社が常駐《じょうちゅう》しているのだ。

この水野さんは、その時点で二十数年を硫黄島で生きてこられた。家族を横須賀《よこすか》に残したままである。その間ずっと、帝国海軍、帝国陸軍の将兵たちと、ふつうに一緒にいたという。

正確に言えば幽霊《ゆうれい》ということになるのだが、水野さんはあまりに日常的にその存在を眼にしているから、もはや一緒にいるひとたちとしか思えないようだった。

夜間だけの話ではない。水野さんだけの話でもない。ぼくも、決して少なくはない自衛官から「硫黄島に赴任《ふにん》していると、半透明のような帝国軍人と昼も夜も暮《く》らすことになるんですよ」、「昼《ひる》ご飯《はん》を食べていると、隣《となり》で、帝国海軍の士官も昼ご飯らしいものを食べているのです」、「夜、寝《ね》ていると、寝台《しんだい》の下で帝国軍人もおやすみになっています」という話を聴いていた。

冗談《じょうだん》のように話した自衛官は、ひとりもいない。なぜかみな、淡々《たんたん》と、話すのだった。

その意味でも、凄絶な島である。

しかし水野さんは、屈託《くったく》のない明るい表情で、ぼくの硫黄島入りを「やぁ、よくもまぁ、こんなふうに入れましたね」と歓迎《かんげい》してくれた。

硫黄島にも、制限付きの訪問《ほうもん》なら、ある。玉砕をまぬがれてわずかに生き残った元将兵と、戦死者の家族・親類、そしてボランティアの学生が遺骨収集に訪れる。NHKの特別取材団も来る。しかし、そうした訪問は、まさしく防衛庁幹部が当初、ぼくに提案《ていあん》したように官製《かんせい》のツアーとしてであり、訪れる場所は厳しく指定され、ごく限定されている。

こうした制限を防衛庁（現・防衛省）は、公式には「島全体が海上自衛隊基地なので、一般人《いっぱんじん》は許可なく立ち入りができない」と説明している。ぼくの硫黄島での行動に尾行が付いたのも、あとで聞くべきひとに聞くと、「基地として機密《きみつ》もあるから」という説明だった。いずれも、まったくの嘘、ということではない。

同時に、すべてがこれで説明できるのでもない。防衛機密のほかにも「見られたくないもの」は存在する。

ぼくが硫黄島に入ったあと、現役《げんえき》の海上自衛隊パイロットから手紙をもらった。中身を読み進むまえは、苦情が書いてあるのかなとも思った。

しかし、こういう趣旨が書かれていた。

「青山繁晴さん、私は哨戒機《しょうかいき》P3Cの機長でした。硫黄島に着陸するために操縦桿《そうじゅうかん》を倒すとき、いつも胸が痛《いた》みました。自分がこの機体を滑走路に降ろせば、英霊のかたがたを踏みつけに、のしかかることになるのに、これでいいのかと着陸のたびに苦しみました。自分は自衛官として命令を守らねばならない。しかし、誰か自由な立場の人が、硫黄島に入って、制限なく事実を見て、この現状《げんじょう》を国民に知らせてくれないかと秘《ひそ》かに願っていました。硫黄島の真実は、本来は主権者が知らねばなりません。あなたが、ついにそれをなさったと知って、こころから喜んでいます。どうぞ、国民に知らせてください。私は部下にも、こうした自分の気持ちを話したことはありません。それなのに、お付きあいもない青山さんに手紙など出していいのかと迷いました。どうぞお許しください」

ぼくには嫌《いや》がらせも多い。しかし、こうした澄《す》みきった空のようなお便《たよ》りも来る。

このパイロットの手紙にもあるように、無制限にどこでも行くことができて、訪問予定について許可をもらったり届《とど》けておく義務もなく、いわば野放しの民間人の硫黄島入りは初めてだった。

その代わり、海上自衛隊の案内もない。案内の代わりに尾行が付いているわけである。だから、同じ民間人の水野さんに協力をお願いしてあった。水野さんは、ぼくをテレビ朝日の番組で視《み》て以前から知っていて、硫黄島に来ると自衛隊から聞いてから、心待ちになさっていたそうだ。その水野さんが「やはり、まず最初に、ここから挨拶《あいさつ》をなさってください」と車で向かったのは、低い丘《おか》にある慰霊碑《いれいひ》だった。

そこは、硫黄島に入ったひとなら、誰でも行く、行ける場所である。しかし水野さんは、ご自分が一緒に暮らしている英霊に、まずぼくからきちんと挨拶をして欲しかったのだろう。その気持ちは、運転席にいる水野さんの背中から、しっかりと伝わってきた。

背中には汗《あせ》が滲《にじ》んで広がっている。

硫黄島はその名の通り、島中から硫黄が噴《ふ》き出る熱い島である。十二月だというのに陽の光に、かぁっと烈《はげ》しさがある。嵐《あらし》のような風が吹くのに、暑い。

川は一本もない。水がない。外から持ち込まねば、水も飲むことができない。

やがて車を降りると、慰霊碑へと続く坂道は、ゆるやかに空につながっている。

あぁ、硫黄島は、遮《さえぎ》るものなく空と海に続く。

巨大なアメリカ艦隊と、ここで戦う用意を進めていた、わたしたちの先輩がたは、この空と海の遠くもない向こうにいる家族と、どれほど会いたかっただろうか。

坂の左手に、窪《くぼ》んだ溝《みぞ》のようなところがある。水野さんが、「遺骨を探《さが》していた場所なんですよ」と教えてくれた。

生き残った戦友や、殺された戦士のご家族や、志あるボランティアの学生たちが、日本国政府が許した場所を手で掘《ほ》って、遺骨を懸命《けんめい》に探したという。

「しかし、かけらのようなお骨ばかりになってきて、それもうボロボロと崩れるんですよ。だから、ここはもう打ち切りになりましてね。同じ場所ばかり探させても駄目ですよ」

南の島の太陽が照りつける浅い土中の遺骨は、歳月に、もはや耐《た》えられない。滑走路の下に、あるいは岩の下に閉じ込められたひとたちはどうだろうか。まだぎりぎり、耐えられているのかも知れない。

ご自分の骨が、姿をほぼ失ってしまった英霊も、たとえば、ご自分の頭蓋骨《ずがいこつ》がしっかり残っている英霊も、誰もかれも変わりなく、故郷に帰りたい。

ただ一度切りの命を捧《ささ》げて護ろうとした祖国がたった今、どんな国になっているかを見たい。

ゆるゆると坂を登ると、慰霊碑をお水で洗《あら》った。碑の石は日差しのなかで静まり、何も語らない。ぼくは碑を両手でさすり、そして身体を屈《かが》めて、慰霊碑のまわりに敷き詰めてある小石に触《ふ》れていった。石は少し熱い。その小石のあいだに水を注いだ。

水よ、土中に染《し》み込《こ》んで、土に溶《と》けてしまったご遺骨にも染み込んでください。

そうすれば、やっと、みなさんが水を飲むこともできるから。

●八の節

硫黄島は、たて（南北）四キロ、よこ（東西）八キロの島だ。面積は二十平方キロ、同じ東京都の品川区《しながわく》よりすこし狭いくらいの広さしかない。

小さな島である。ところが、摺鉢山を除いてどこも平らな島であるから、回ってみると、要は品川区全体を眺望《ちょうぼう》していくようなもので、逆《ざゃく》に広く感じる。ひとつの戦場と考えると、広い。ここで縦横《じゅうおう》に侵略軍を迎《むか》え撃とうとした帝国陸海軍の覇気《はき》がぼくの背骨に伝わってくる。

たとえば、大小の穴《あな》や窪みがどこにもかしこにもいっぱいの巨大な黒い岩が、草っぱらに、どんとある。

よじ登ってみると、あたりが平らだから、ずいぶんと遠くまで望むことができる。その穴や窪みは、実はどれも砲と銃《じゅう》の撃ち込まれた痕《あと》である。見晴らす場所を争って、帝国陸海軍とアメリカ軍海兵隊が奪われてはまた奪い返し、そして奪われたのだった。

その広い戦場のなかでも、日本にとっての魂《たましい》は、地下壕だ。

なぜ地下壕か。

硫黄島のあちこちに残っている地下壕は、いわば、ただの洞穴《ほらあな》だ。何か特別な装備《そうび》が隠されていたのでない。しかし、硫黄島の魂だ。どうしてか。

硫黄島の戦いのまえに、島には、帝国陸軍の栗林忠道中将が赴任した。そのとき、栗林中将は、すべての将兵に分かりやすく戦陣訓《せんじんくん》を伝えていった。それらのことは、アメリカ人、クリント・イーストウッド監督が「日本人の視点で」つくった映画には出てこない。

栗林中将の豊《ゆた》かな、丁寧《ていねい》な戦陣訓のなかでも、二つのことを禁じたことが大切だった。二万一千の将兵に向かって、二つのことを禁じられた。一つ、自決をしてはならぬ。一つ、万歳突撃《ばんざいとつげき》をしてはならぬ。

それを聞いた将兵の中からは反乱の動きがあったという。

みな、帰れない、ここで死ぬ、家族に会えない。それはわかっているけれども、最後は手榴弾《しゅりゅうだん》を胸に抱え込んで自決するか、あるいは無防備な万歳突撃をして敵《てき》に殺されて、いわば楽に死ねるか。

まったく楽ではないけれども、最後はそのように死ねると、それだけを楽しみにむしろ戦っているのに、それを禁じるというのはどういうことだと反乱の動きまで起きた。

すると帝国陸軍の中将でありながら二等兵のところまで一人づつ回っていき、栗林中将は話をされた。どう話されたのだろうか。

硫黄が噴き出る凄まじい匂《にお》いのただなかで、立ち尽くしていると、頭の中に栗林中将の声が聞こえる気がした。

中将の声は知らない。しかし声なき声が、伝わってくる。幻聴《げんちょう》というのではない。不《ふ》可思議《かしぎ》さはない。栗林中将のお考えが、ただ真《ま》っ直《す》ぐに、声なき声として伝わってくる。


おまえたち、アメリカ軍がなぜ硫黄島を取ると思うか。

大本営《だいほんえい》は日本の港や工場を爆撃したいからと言っているけれども、アメリカは本当はもう日本の港や工場に関心は薄《うす》いぞ。

そうではなく、爆撃の目的はもはや本土で女と子供《こども》を殺すことだ。女と子供を殺す、すなわち民族を根絶《ねだ》やしにされると日本に恐れさせて降伏《こうふく》に導《みちび》くのが、アメリカ軍が硫黄島を取る本当の理由である。

だから今から穴を掘ろう、穴を掘って立てこもって、やがて、みな死ぬ。

みな死に、故郷には帰れない、家族には会えない。

しかし穴を掘って立てこもったら一日戦いを引き延《の》ばせるかもしれない、最後は負けても、一日引き延ばしたら爆撃が一日、遅れて一日分、本土で女と子供が生き延びる、二日延ばしたら二日分、本土で女と子供が生き残る。そこから祖国は甦る。
だから穴を掘ろう。

栗林中将は実際、それまでの日本軍がサイパンやガダルカナルという南の島で戦うとき、海辺ですぐアメリカ軍を迎え撃ち、万歳突撃をして玉砕していたことを根こそぎ変えてしまった。

水際では戦わず、島の奥へ引き、地下壕を掘って立て籠《こ》もる作戦を決めた。栗林中将より先に赴任していた将兵からは、海軍を中心に強い反対が出た。しかし栗林中将の説得と、揺《ゆ》るがぬ信念をみて、やがて二万一千人が心を一つにして穴を掘り始めた。

硫黄島は立ち入り禁止の島だから、掘った道具は今も、そのまま転がっている。機械がないのはもちろんのこと、もう鉄が残っていないからツルハシもない。ぼくが実際に見つけられたのは、子供のおもちゃみたいなトンカチだけだった。

それだけでも手にできた人は幸せで、あとはみな、道具がないから素手《すで》で掘っていった。

生爪《なまづめ》を剥がしながら、しかも硫黄島は地獄《じごく》のように暑い。暑い硫黄島で掘っていったら気温が七〇度になったと、わずかに生き残った兵は証言《しょうげん》している。ぼくは、イラク戦争のとき気温五五度を体験し、世界が真っ赤にみえた。それより、遙《はる》かに温度が高い。そこで爪を剥がして掘っていって、一メートルしか進まない日もあった。

その実際の地下壕に行くと、まず竪穴《たてあな》、縦《たて》に掘った穴が、草藪《くさやぶ》の中に小さく口を開いている。

細い竪穴で、普通《ふつう》には入れない。両手を上に挙げ、体をこすりながらストーンと真っ直ぐに下まで落ちる。

下まで落ちると、そのあとは毛細血管のような細いトンネルがずっとグニャグニャに続いている。

真っ暗だ。

明かりを借りて照らすと、もう本当に毛細血管のような感じがする。そこは全部焦《こ》げている。全部、炎《ほのお》に焼かれている。アメリカ軍の火炎放射器《かえんほうしゃき》に焼かれている。そこは、両《りょう》腕《うで》を思いきり縮《ちぢ》めた匍匐前進《ほふくぜんしん》でしか進めない。

そうやって、うごめくようにずっと入っていくと突然背が立つようになる。ヘルメットをかぶったぼくが楽に立てたから、多分、天井高《てんじょうだか》は百八十五センチぐらいだったと思う。そこは半分ぐらい焦げている。

そして突き抜けていくと、びっくりするぐらいの広い部屋が突然あらわれて、それが無《む》傷《きず》である。全くやられていない。

最初の竪穴と毛細血管のようなトンネルというのは、アメリカ軍が火炎放射器で焼くということをあらかじめ知った上で、炎を逃《に》がすためにつくったと、その瞬間に、悟《さと》った。

これは、火炎放射器に日本の将兵と住民が焼かれた沖縄戦の前である。それなのに、火炎放射器を使うということも栗林中将は知っていた。

ほんとうは栗林中将は帝国陸軍の中で唯一といってもいい親米派だった。知米派というより親米派、アメリカが好きだった。

どうして好きだったとわかるかというと、栗林さんはワシントンDCとカナダに駐在武官として赴任していて、そのときにとてもアメリカ人たちと仲よくなった。そこから栗林中将がお子たちに送った手紙が、長野県松代町《ながのけんまつしろまち》の栗林家にはそのまま残っている。

そのお手紙を見ると、陸軍中将だから検閲《けんえつ》をパスしてそのまま子供たちに渡っている。読み進むと、自分の子供たちをアメリカの明るい民主主義のなかで育てたかったなという思いも伝わってくる。だからアメリカから情報も得ていたと思われる。

栗林さんは、例えばアメリカ軍は火炎放射器を持ってくるとか、硫黄島を占拠するのは港や工場のためではなくて、本土の女性と子供を殺すことだと正確に知っていた。ぼくはワシントンDCで、これの裏取《うらど》り取材をした。アメリカでは、ジェネラル（将軍）栗林は、インテリジェンス、情報の価値《かち》を知っていたという高い評価《ひょうか》である。

そして、無傷の地下壕にたどり着くと、そこも真っ暗だ。真っ暗だけれど、大きな携行《けいこう》電灯《でんとう》で照らしているうちに、ぼくはもう我慢《がまん》できなくなって、……関テレのカメラも後ろにいたと思う。それはもう何の記憶もない。もうそんなことは全然考えていなかった。

我慢できなくなって明かりを後ろへ向けたら、案の定、ふたりの海上自衛官と防衛庁幹部の三人の顔が浮かび上がった。

それを照らして、絞るように声が出た。


みなさん、これを見ましたか。

生半可な努力でこんなものは掘れないよ、そして一番大事なことは、これを掘った二万一千人の日本のかたがたのうち、一人でも自分の利益のために、自分が助かりたいとか、自分の利益になるからといって掘った人はいるんですか?

ひとり残らず、ただ人のために、公のために、子々孫々のために、祖国のために、それだけが目的で掘ったんですね。

そしてこの掘った人たちを、私たちは戦後ずっと日本兵というひと固まりで呼んできました。ほんとうは大半が普通の庶民《しょみん》なんです。

戦争末期ですから職業軍人はもうあまり残っていなくて、ほとんどの方が、記録を見るとパン屋さんだったり、それから魚屋さんだったり、学校の先生だったり、あるいは会社の勤《つと》め人だったり、そういう普通の働き盛りの、お子たちがいて家族もいる普通のぼくたちと同じ市民がそこで戦って、そうやって掘ったのに、本来は素人《しろうと》が掘ったのに、完璧《かんぺき》な地下壕がそこにある。

これを見て、あの戦争は悲惨だったという話だけをぼくたちは六十年間してきたけれど、それで済《す》むのか。

あの映画の主演の渡辺謙さんもテレビに出て「戦争は悲惨だと改《あらた》めて思いました」と言っていらっしゃった。それも大切だけれども、それだけで済むのか。

ここにいらっしゃる、間違いなくこの部屋にいらっしゃる、この英霊のかたがたが本当に聞きたいのは戦争は悲惨でしたという話だけではなくて、今、自分たちが助けた女性と子供を手がかりにして甦っていった日本民族が、祖国をどんなよい国にしているのか、その話を聞きたいんだ。

ぼくたちが、今、何をしているか、それを聞きたいんだ。

その英霊のかたがたにぼくらは、日本はこんな国になりましたと言えるんですか。経済は繁栄《はんえい》したけれども、いまだ国軍すらないから隣国《りんごく》に国民を拉致されて、されたまま救《すく》えず、憲法《けんぽう》はアメリカが原案を英語でつくったまま、そして子が親をあやめ、親が子をあやめ、さらにいじめられた子が自殺する。

そういう国に成り果ててしまいましたと、この英霊に言えるのか。

ぼくたちの一番の責任はそこでしょう。

そこまで叫んで、もうわけがわからなくなって、その地下壕を出ていった。

●九の節

地下壕から出ると、かぁっと太陽が照っている。十二月なのに、凄絶な太陽が照っていて、砂浜《すなはま》は真っ黒だ。砂浜に続く摺鉢山が火山だからなのか一粒《ひとつぶ》一粒まで真っ黒だ。

そこに、もっとも多くアメリカ軍の将兵の頭や、はらわたが転がっていたという。

その浜に至《いた》ってもう茫然としていた。硫黄島は風もすさまじくて、髪《かみ》の毛《け》は逆立《さかだ》って、ぼんやり立ち尽くしていた。

それで気がついたらここに海上自衛官が二人いる。気がついたらこっちに防衛庁幹部がいる。

最初は、あんな風にぼくを避《さ》けていた相手が、ぼくの目をまっすぐに見て、ぼくの横に寄って、若い海上自衛官が話しかけてくれた。

青山さん、私たち、昼ご飯を食べていると、帝国海軍の方が横で昼飯を食べているんです。今まではただの幽霊だと思っていました。しかし本当は、おい、おまえたち、祖国はどんなよい国になった、今、話してくれ、祖国はいい国になったんだろうなと、それを聞いていらっしゃるんですね。

初めて今日、わかりましたよ。

そして防衛庁のベテランの幹部は、穏《おだ》やかな表情でいた。彼は、もともとは、こういう柔和《にゅうわ》なひとなんだろう。あまり語らず、しかし彼の眼を見ると、「来て良かった」と眼の光が語っていた。

青山さん、私は今まで防衛庁・自衛隊に何十年もいたけれど、憲法も変わらないし、この国はどうせこんなものだと思っていました。

だけれど、そんなことは関係ないと、今日わかりましたよ。あなたとあの地下壕にいて、よくわかりました。自分が定年になって退職《たいしょく》しようが、そんなことは関係ない、自分が命ある限りは祖国再建《そこくさいけん》のためにやらなければいけないことがあるんだなと、私は今日、それがわかりました。

防衛庁幹部のその気持ちが、真っ直ぐ伝わってきた。

ぼくは思った。

あぁ、硫黄島は、ぼくらの生きるヒントだ。

生きる手がかり、生き直す手がかり、祖国を甦らせる手がかりだ。

だから翌日、一千三十三人と言われる生き残った将兵のうちのお一人、金井啓《かないひろし》さん、当時八十二歳に会いに行った。

東京郊外《こうがい》のお宅《たく》を訪《たず》ねて、三時間話した。

三時間お会いしている間に、ぼくは必ず叱《しか》られると思った。

そのはずだった。たとえば金井さんは生き残りとして硫黄島に入り、限られた遺骨収集の場所にだけ行き、ボランティアの学生諸君も連れていって、しかし限られたところしか掘れないから一部しか遺骨を取り返せない。

防衛庁が飛行機は出してくれるけれど、政府の支援《しえん》はほとんど無く、滑走路の引き剥がしはもちろんのこと、大きな岩をどかしたりもできない。

政府はなぜ、そうなのか。ぼくを含めた国民が忘れたままだからだ。

そこに六十年ぶりに思い出したといってぼくが訪ねてきた。当然、お怒《いか》りになると思った。

しかし最後までとても穏やかで、何の苦情もおっしゃらない。おっしゃらないうちに三時間たって、もうご家族に迷惑がかかるからぼくはお別《わか》れしなければいけなくなった。だから最後に金井啓さんにぼくから申した。

「金井さん、今日はぼくはお叱りを受けると思ってきたのに一言も金井さんはおっしゃらない。だからぼくの方から申します。実は硫黄島は日本では忘れられているのにアメリカでは奇跡の島と呼ばれていますね。どうしてか。六千万人が亡くなったあの第二次世界大戦のなかでも最も無残な肉弾戦が硫黄島の戦いだった。それなのに日米の兵士が戦争が終わった後、自然に集まって毎年、早春に合同慰霊祭をやっていますね。だから、奇跡の島と呼ばれています」

金井さんは、身じろぎもせずに聴いている。

「それなのにそこにやってくるアメリカ軍の生き残りは、自分だけでなくて子や孫、ひ孫に至るまですべてアメリカ国民が支《ささ》えて、つまりみんなみんな、税金《ぜいきん》で来ますね。アメリカ国民の支えによって、アメリカの政府とアメリカ軍の支えによってやってくる。そして亡くなった方々は、ぼくが調べたらケンタッキーに帰った人も、ニューヨークに帰った人も、カンザスシティーに帰った人も、サンフランシスコに帰った人も、みなヒーローになって、そこで褒《ほ》め称《たた》えられて祖国を守った英雄《えいゆう》として扱《あつか》われています」

金井さんは、穏やかだった眼に、強い光を湛《たた》えている。じっと黙《もく》して聴いている。

「ところが日本では生き残った金井さん、あなたは政府が決めた、あんな小さい場所で、そこだけで戦友の遺骨を探し、お金も自分たちで出さなければいけない。そういう扱いを受け、国民からも忘れられ、そして亡くなった方はいまだに滑走路の下や岩の下に閉じ込められたままになっています」

金井さんは、ぐっと眼を見開かれた。一気に何十歳も若返ったようにも感じた。

「金井さん、この違いは何ですか、日米の違いは何ですか。ほんとうは、日本は戦後教育で日本兵は悪者だったと教えてきたから、英霊は英霊ではなくて悪者だと教えてきたから、悪者だから忘れてよかった、悪者だから放っておいてよかった、悪者だから滑走路の下に閉じ込めて滑走路を便利に使ってよかった、これが戦後日本の本当の真実なんですね」

金井さんはそのとき突然、大きな声を出された。

「その通りっ。俺たちのどこが悪者なんだ。おまえたちのためにみんな戦ったんだ」

そのたった一言を叫んで、金井さんはまた静まられた。

ぼくは黙った。すると、金井さんが、ぽつぽつと話し始めた。

●十の節

それは、自分が生き残った理由だった。

「もう死を覚悟《かくご》してね、というのは私の部隊、私が小隊長だった部隊はね、戦っていた地下壕に閉じ込められたんです。爆撃で閉じ込められたけれど、栗林忠道閣下を尊敬《そんけい》していたから、閣下が自殺するなと言ったからそれを守って、呼吸《こきゅう》もしにくいが、じっと我慢して真っ暗な中で耐えていた」

「ところが自分の隊に少年兵がいた。少年兵というのは十五歳とかではないですよ。恐らく十八歳前後ですね。十七歳ぐらいかもしれません。一番若かったやつの、はらわたが出ていて、真っ暗な中で手探《てさぐ》りすると、明らかに腸《ちょう》に触った」

「そいつがもう苦悶《くもん》して苦悶して苦しんで、小隊長殿《しょうたいちょうどの》、自分は栗林中将の、司令官《しれいかん》の御命令に背くけれども自決したいと言う」

「私はもう我慢しきれなくて、よし、いいぞ、おまえ、自決しろと言って彼が手榴弾を抱え込んで自爆した、その衝撃《しょうげき》で上に穴《あな》があいて、島を占領したアメリカ兵がたまたま通りかかって、何だ、この穴はと見たら生き残っていた日本兵がいたから、それで私は捕虜《ほりょ》になって、硫黄島から抜けることができたんです」

ぼくは声が出なかった。

金井さんは、あとは眼だけで、「この自決した部下が悪者だったんですか。私が悪者だったんですか」と聞いている。

ぼくは声を振り絞って、「申し訳《わけ》ありません。ぼくらがどれほど英霊を苦しめてきたか、初めて分かりました。申し訳ない、金井さん」

両手を両手で包むと、金井さんは、微笑《ほほえみ》を浮かべられて、「いや、いや」とだけ応えられた。

もうお別れの時間だった。

金井さん宅の前に出て、車に乗って遠ざかっていった。

ぼくは車のリア・ウインドウのところにしがみついて、金井さんをずっと見ていた。小《こ》柄《がら》な金井さんは、ただの背のすこし曲がったおじいさんのように、立っていた。

そして金井さんが、ぼくのこの小指ぐらいの小さな金井さんになったときに、金井さんの表情が変わった。ぼくは、たまたま眼がよいので表情がよく見えていた。金井さんは明らかに、『もう青山さんは見ていないな』という顔になった。金井さんからは、ぼくの顔がよく見えなくなったのだろう。

ぼくがもう見ていないと思われた、その瞬間に、金井さんはきりりと背筋《せすじ》を伸ばし、足を揃《そろ》え、帝国海軍の敬礼をなさった。

なんと謙虚《けんきょ》な人であるのか、なんとほんとうに美しい日本国民がここにいらっしゃるのか。

ぼくは震《ふる》える思いだった。

そして、車に乗ろうとするときに小柄で優しい金井さんがそのときだけ急にぼくの腕《うで》をギュッとつかまれたことを思い浮かべた。

想像もできないような力でつかまれて、「青山さん、あなた、あの地下壕のどれにもこれにも入ったんだってね、そうしたらドラム缶《かん》がありましたか」と聞かれた。

ぼくは応えた。

「ええ、金井さん、本当にドラム缶はありましたよ、何本も何本も、ありましたよ。不思議なことに全部まっすぐ立っていました。どの地下壕でも」

　金井さんは、何度も深く頷く。

「ドラム缶は、下は溶けて穴があいているのに、なぜか全部まっすぐ立っているんです。金井さん、ひょっとしてあのドラム缶は……硫黄島は川がない、どんな小川もない、水がない、雨も本土のようには降《ふ》らないけれども、たまにスコールが降る、それを貯《た》めて、それを飲んで戦ったんですか」

　金井さんは即座に答えた。

「その通り、あれだけが、あのドラム缶の水だけが自分たちの命だったんですよ。スコールが降るとね、もう夢中《むちゅう》で貯めたんですよ。地下壕から何とか外へ出してね、また引きずり込んでね」

「はい」

「しかし青山さんね、地下壕の中でも、あっという間に戦友が吹き飛ばされて、人間の髪《かみ》とか、皮膚《ひふ》とか肉とかがあっという間にね、水に混《ま》じるんですよ、肉とか髪の毛が混じっているのに飲むとね、甘露《かんろ》、甘い露《つゆ》みたいにおいしかったんですよ、青山さん。おいしかったけどね、しかし先に死んでいく戦友に末期《まつご》の水だと思ってね、そのドラム缶の中から汲《く》んで戦友の唇《くちびる》に浸《ひた》すとね、壕の中は気温七〇度だから熱湯《ねっとう》なんですよ。熱湯だからね、戦友の口に浸すと唇がやけどして、あっという間に腫《は》れあがるんですよ。しかしそれしか末期の水がなかったから、青山さん、私にとってのこの六十年は、あの腫れあがる唇ばっかりを思い出してきたんです。だから毎日毎日、お水を冷やしてね、南に向かって捧げてね、祈《いの》ってきたんですよ」


だからどうしろということは、一言もおっしゃらない。

ぼくも、だからどうするということは一言も答えず、そして車に乗ってお別れした。

その二〇〇六年十二月十日の夜から、ぼくはお水を冷やして南に向かって捧げ、「ありがとうございます、みなさんのおかげで、ぼくたちはここにいます。頑張《がんば》ります、みなさんが護ってくださった、わたしたちに繋《つな》いでくださった祖国をよい国にします」と、ささやく。

死ぬまで、これを絶《た》やすことはない。

そして、講演のときに、できればこの話を最後に添えるように努《つと》めてきた。

しかし、ぼくも金井さんに学んで、「お水を捧げてください」とは頼《たの》まない、求めない。

それなのに、水を捧げてくださる人が女も男も、若いひとも高齢《こうれい》のかたも、そんな違いは一切、関係なく、だんだん増《ふ》えていって、「私も始めました」というEメールが、北海《ほっかい》道《どう》から沖縄まで全国から届くようになった。

その数からすると、水を捧げてくださるひとは、もう一万人を超えたと思われる。

その中から少なからぬ方が、首相官邸《しゅしょうかんてい》や厚生労働省《こうせいろうどうしょう》、防衛省に手紙やEメールや電話を届けられて、「硫黄島の滑走路を引き剥がせ。わたしたちも硫黄島を忘れていたけれど、わたしたちは知らされても教えられてもいなかったんだ。滑走路を引き剥がしてご遺骨を取り返せ」という声が溢《あふ》れるようになって、ついに二〇〇九年の一月に防衛省はいったん、滑走路を引き剥がすことを決めた。調査費として、一億円の予算も付いた。

●十一の節

では、硫黄島の滑走路を引き剥がし、遺骨を取り戻し、硫黄島の岩の下や草の下からも遺骨を取り戻したら何が起きるか。

戦争を美化するんじゃない。

ぼくは旧《きゅう》ユーゴ戦争に行き、イラク戦争の現場に行き、戦争はどこまでも無残な殺しあいであることを知った。命ある限り忘れない光景のひとつは、旧ユーゴスラビアでオリンピックの開催地《かいさいち》でもあった美しいサラエボの街《まち》のサッカー場だ。ピッチ（サッカーグラウンド）を埋め尽くした遺体の中を歩いた。そこは臨時《りんじ》の墓場《はかば》なのに、穴は掘られず、薄く土がかかっているだけだから、頭蓋骨や手足の骨が、はみ出ている。埋葬《まいそう》していると襲われるから、ほとんど置くだけで家族も親戚《しんせき》も逃げるほかないのだ。

戦争は美化できない。

そして戦争の思い出話をするのでもない。去った時代を懐《なつ》かしむのではない。今とこれからを、生きるためだ。


ひとりひとりのご遺骨に、その古里《ふるさと》へ帰っていただくと、この遺骨になっている方はたった六十年前に何をなさったか、自分のためではなくて人のために生きて戦ったんだということを子供たちに伝えられる。

遺骨に眼で触れて、生きざまを聞いた子供のなかには、たとえば苛《いじ》められている自分と、苛めている数人の小さな私《わたくし》の世界しか見えなくて死を選ぼうとしている子供も、はっと気がつくかも知れない。

やがて大人になったら、人のために、公のために生きられる、その広く新しい人生が開けると気づいたら、死を選ばない子供も出てくる。

そこから、ぼくたちの祖国の再建《さいけん》の槌音《つちおと》が、かすかに聞こえ始める。

ぼくら日本人の、本来の生き方、私《わたくし》を脱《だっ》して生きること、それを取り戻すためには滑走路も引き剥がして、すべての遺骨を取り戻さねばならない。

階級も年齢もない。将軍から二等兵まで、どの先輩も、同じく人のため、祖国のために生きて、戦って、死んだかたがたであり、ひとり残らず取り戻していく。

それは拉致被害者を最後のひとりまで生きて取り戻していくことと同じである。

一人の国民も忘れてはならない。ぼくらは、ひとりひとりがみな、この国の主人公だ。主人公であるからには、最終責任者も、ぼくらひとりひとりしかいない。区別《くべつ》はない。日本国民であれば、かけがえのない値打《ねう》ちが変わらない。

滑走路の引き剥がしは、想像をはるかに超える難事《なんじ》である。

滑走路を今、海上自衛隊も航空自衛隊も海上保安庁もアメリカ軍も使っているからだ。これを引き剥がすためにはまず、北側に新しい滑走路をつくらねばならない。

その北側の新しい場所にも、遺骨はあるから、まずそこの遺骨を収集せねばならない。そしてようやく用地を確保したら、そこに滑走路を新しく建設して、それができ上がったら、海上自衛隊をはじめ部隊がそこに移転《いてん》して、やっと現在の滑走路引き剥がしになる。

だから実はどんなに急いでも事業は十年かかる。お金も試算すらはっきりできず、百億円とも三百億円は超えるとも言われている。

この日本社会だから、すでにぼくは「そんなことにお金を使うのだったら子供の福祉《ふくし》のためにお金を使ってよ」と言われ、その人にはおかしな嫌がらせの名誉毀損《めいよきそん》も受けた。

海上自衛隊のなかにも、異論《いろん》はある。「そんな予算があるなら、正面装備（護衛艦《ごえいかん》や潜水艦《せんすいかん》など）に使いたい」と話す将官もいる。

そのためか、いったん決まった滑走路の引き剥がしは、すぅと消えている。一億円の予算を使って基礎調査も行われたが、滑走路を剥がす計画は、まったく具体化しないままだ。

政権が代わって、菅直人《かんなおと》首相（当時）が硫黄島を訪れ、遺骨の収集に熱心なところを見せた。ところが、滑走路の引き剝がしはそれで余計《よけい》に、遠のいた。菅首相は、「とりあえず取りやすいところから遺骨を取り出して、成果を国民に見せようとした」（内閣官房《ないかくかんぼう》の幹部）

アメリカ軍は、殺害した日本兵の遺体が腐敗《ふはい》して病気が流行《はや》らないように摺鉢山の麓《ふもと》などに大ざっぱに穴を掘って、そこに遺体を蹴り入れたり、投げ入れた。

アメリカ軍は、いつもの際どいユーモアのつもりでそれを「Enemies' Cemetery（エニミーズ・セメタリー）」と呼んだ。「敵兵《てきへい》のための墓地」である。実際は、日本兵に敬意を払って弔ったのでも、きちんと墓地を造ったのでもない。日本兵に深い敬意が生まれたのは、戦争がすべて終わってからのことだ。

しかし菅首相は、それを「アメリカ軍がちゃんと遺体を葬《ほうむ》ってくれた場所があるんだから、そこをやればいい」と指示《しじ》し、そこにまずは二千人ほどのご遺骨があるという調査結果《ちょうさけっか》が出た。

一万三千人のうちの二千人、まさしく日本政府が自民党も民主党も変わらず、続けてきたやり方である。

拉致被害者のうち、拉致事件の真犯人《しんはんにん》の金正日《キムジョンイル》北朝鮮総書記が勝手に選んだ五人だけの帰国にとどまらせてしまい、ほかの同じ日本国民は正当な理由はいささかもなく助け出されずにいる、そのことと同じである。

●十二の節

硫黄島にぼくが入ってから、一年とすこしの二〇〇八年初め頃のこと、栗林家から突然に連絡をいただいた。

「栗林忠道大将（硫黄島の戦いの最終段階で中将から大将に昇進）の六十三年回忌《ろくじゅうさんねんかいき》をやりたいので、それに合わせて講演をしていただけませんか」という。

ぼくはびっくりして「六十三回忌というのはあるんですか」とお尋ねした。

「不確かな記憶で恐縮ですが、五十回忌で終わりではないですか」と続けると、栗林家ゆかりの方は静かに答えられた。

「その通りです。本来は六十三回忌など、ありません。だからお坊《ぼう》さんと相談して、六十三『年』回忌としました。どうしてそれをやりたいかというと、実は栗林の家は、地元の長野県松代町で旧家として続いてきましたが、栗林忠道は、悪者だと言われてきたんです。二万人を死に追い込んだ悪い人だと言われていたから、五十回忌どころか一周忌も三回忌も七回忌も何もやったことがないんです」

ぼくは、声が出ない。なんということか。

「ところが最近、なぜか沖縄や北海道という遠くからもお手紙をいただいたり、栗林大将にお参《まい》りをしたいとお墓に、……お墓は明徳寺《めいとくじ》というお寺にあるんですが、そのお寺の栗林大将のお墓に行きたいという人が増えてきました。そのように問い合わせをされる方にお聞きしていると、青山さんがいろんな講演の場で、栗林忠道と硫黄島のお話をされていると分かりました。だから六十三年回忌というものをやってみよう、ということになったんです、そこに講演に来てくれませんか、お寺に講演に来てくれませんか」

もちろんぼくは飛んでいった。二〇〇八年三月二十三日のことだ。一九四五年三月十七日、大本営が栗林中将を大将に昇進させた（しかし栗林中将が大本営に求めていたのはみずからの昇進などではなく、事実を率直に見ることであったから、栗林さんは喜ばれなかっただろう。だからぼくは終始一貫、中将とお呼びしている）。二十六日には、栗林中将指揮下のおよそ四百人が最期の突撃をし、万歳突撃ではなくアメリカ軍に確実に打撃を与えたうえで、栗林中将も戦死され、硫黄島の戦いが終わった。六十三年回忌は、この日に近い日を選ばれたのだろう。

するとまさしく北海道から沖縄まで、若い人も含めてたくさんの人がその法要《ほうよう》に、戦後六十三年たって初めて行われた栗林中将の法要に、来てくださった。

その言葉に尽くせないほど記念すべき法要で、祭壇《さいだん》にあったのは、石ころだった。遺骨はないのである。

「石ころしかないいんですね」と思わず、呟いたら、栗林家の現在のご当主がこうおっしゃった。

「青山さん、ただの石ころではないいんです、なんとまぁ、アメリカ兵が日本兵を哀《あわ》れんで、日本という国は負けたからといって遺骨収集すらしない国なんですね、と言ったそうです。お気の毒だから、私たちが石をあげましょうといって米軍の側からくれた硫黄島の石ころなんです」

ぼくは胸が潰《つぶ》れた。それも、この硫黄島をめぐる現実である。

しかし同時に、そういう六十三年回忌法要をともかくも開くことができて、若い人もたくさん来た、日本はやっぱり確実に目覚め始めている。

だから、硫黄島についても、われらのあの島をどうするか、それはもはや、はっきりしていると考えている。

子供たちが学校教育の一環として行く硫黄島にすることが大切だ。沖縄のひめゆりの塔《とう》のように観光地にするのではなくて、ちゃんと国が管理したうえで一般国民が入れる島にすべきだと考える。

そうしても、地下壕の中は、訪れた子供もみんなは入れないかもしれない。

しかし慰霊碑のところは、必ず、行ける。

慰霊碑に行ったら子供たちよ、先生たちよ、お水は慰霊碑にかけるだけでなくて、その下の石のところにかけてください。そこから水が染みていって、土に溶けてしまっているご遺骨も、子々孫々からの水を飲むことができる。元気な子々孫々からの水を飲めば、「祖国よ滅びるな、甦れ」と願った、栗林中将以下、二万一千人の願いが、ようやく叶《かな》う。

次の世代の日本国民をそうやって、硫黄島に連れて行けるように、ぼくらは努力しませんか。

栗林家との静かな交流は、この法要から始まり、今も続いている。

法要の翌年、ぼくは「滑走路の引き剥がしが（いったんは）決まりました」と報告するために、長野の栗林中将の菩提寺《ぼだいじ》に出向いた。ところが、その前日にスキージャンプで墜《つい》落《らく》し、左腰の骨（腰椎横突起《ようついおうとっき》）を五本、すべて引きちぎるように骨折した。痛みに耐えて、病院から寺に行き、寺の壁を伝い歩きしてお墓にたどり着き、報告し、深々と礼をした。中将は苦笑なさるかと思ったが、そのとき、ここにはいらっしゃらない、部下がたったひとりでも硫黄島に残っているあいだは、この墓には入らない、島にいるぞ、という気配がはっきりと伝わってきた。目も眩《くら》む痛みのなかだったからこそ、感じ取ることができたのかも知れない。

そして、その翌年、二〇一〇年の十月に、ぼくは長野県で初めて栗林中将のお孫さんたちにお会いし、ふたたび講演した。

そのとき、モバイル・パソコンには二枚の写真があった。

硫黄島に入ったとき、もう夕暮れが近づいて、水野さんの車で滑走路に戻っていった。まもなく小型ジェット機に着こうとするとき、ひとつのトーチカ（防御陣地《ぼうぎょじんち》）跡《あと》の前を通り過ぎようとして、ふと、ここで降りねばならないと感じた。

水野さんにお願いして停車してもらい、トーチカの跡にたったひとりで入った。ひとりになったのは、この日、初めてだった。

トーチカは、爆撃機の胴体を輪切りにして、コンクリートや石で補強したものだ。入り口からすこし入って、写真を一枚撮った。「前へ」という声なき声が伝わって、もう一歩、前へ出て、もう一枚を撮った。

ジェットに戻り、あっという間に日の暮れかかるなかを離陸し、上空に達すると、鮮烈《せんれつ》な血潮《ちしお》のような夕焼けが機を、ぼくらを見送ってくれた。

帰京し、深更《しんこう》に、写真をパソコン画面に映し出してみた。

トーチカの最初の一枚には、左の壁に、軍人らしい姿が、佩刀《はいとう》を手に立っていらっしゃった。さほどは驚かなかった。左目と右胸から、大量の血を流しているように見える。帽子《ぼうし》もヘルメットもなく、お顔は半ば溶けている。

その軍服には、階級章が一切ない。

ははぁ。生存者の証言によれば、栗林中将は最期の突撃のとき、階級章をすべてみずからの手でむしり取った。アメリカ軍に亡骸を特定されないためである。

そして、その死は謎《なぞ》となっている。周りはみな、戦死したからだ。胸を突かれることに、この日本社会では「栗林中将は実はアメリカ軍に降伏して生き延びようとして、部下に殺された」という理不尽《りふじん》な中傷がネットも含めて流されたことがある。

写真の軍人は、左目と、右胸のいちばん上の方、顎《あご》のすぐ下の二箇所《にかしょ》に、銃弾を受けて大きな穴から流血しているようだ。

ぼくは深夜の書斎でごく自然に、栗林閣下が、みずからの最期の姿を示されていると考えた。気になったのは、何かを問いかける気配もあることだ。

そして、写真をあらためて眺《なが》めると、トーチカの正面奥に、赤いジャンパースカートのおかっぱの女の子が写っている。

あ、たか子さんだと思った。

栗林中将は、一男二女に恵まれ、こまやかに愛情を注がれた。硫黄島に赴任されるとき家族はみな、優しい父の死を覚悟した。しかし、いちばん末娘のたか子さんだけは、小さすぎて、お父さんが東京都内の自宅から硫黄島に行く意味が分からなかった。中将はこの末娘を「たこちゃん」と呼んで、深く気にかけていらした。遺された手紙には、たこちゃんへの心配と愛情が、今も色褪《いろあ》せることなく滲んでいる。

そうか、中将は「おい、たか子は、俺の戦死のあと、どうしたか。教えてくれ」と聞いておられるのか。

栗林たか子さんは敗戦後、その美しさから女優になり、しかし若くして幸せな結婚をして引退、のちには幼稚園の園長などもなさり、平穏《へいおん》に亡くなった。

そのたか子さんの息子さんが、新藤義孝《しんどうよしたか》代議士《だいぎし》である。竹島を侵略した韓国にフェアに問いかけるため、二〇一一年に鬱陵島《うつりょうとう》を訪れようとして、韓国から「帝国軍人の孫だから右翼だ」と中傷されたひとである。

穏やかな人柄の新藤さんに、ぼくは、この写真を見せた。

一歩、踏み込んで撮った二枚目は、トーチカの正面奥をアップでとらえている。ところが、そこにいるはずの赤いジャンパースカートのおかっぱ少女は影も形もなく、ただ破壊された石とコンクリートと鉄が写っている。パソコンであるから、写真を拡大できる。どうやって見ても、軍人の姿のある一枚目の写真は、同じトーチカの正面奥に、間違いなく女の子がいる。ところが、軍人の姿がない二枚目の写真では、女の子の姿も消えている。

栗林中将は、一枚目でみずからの姿を現され、さらに、その魂のなかでは今も幼《おさな》いままのたか子さんの姿を、呼び出された。

不肖《ふしょう》ながら、縁あって硫黄島にやってきたぼくに「おまえに、たか子のことを聞いているんだよ」と明瞭《めいりょう》に分からせるために「前へ」と声なき声まで栗林中将は発せられて、何も人影の写らない二枚目の写真を、あえてぼくに撮らせたのかなと、ごく平静に考えた。

ぼくは確かに、この二枚目の写真を見て、一枚目を撮ったときに何が起きたのかをはっきりと悟ったのだった。

ぼくは栗林家の菩提寺である明徳寺のお坊さまに、事前に相談していた。「ご家族には、写真を見せてあげてください。講演の聴衆には、話だけされて、写真は見せないでください」という明快な答えだった。

新藤代議士は、深く黙して、二枚の写真をご覧になった。

この書でも、お坊さまの言葉を守る。写真は、トーチカの外観だけを掲げよう。

手にとる
希望
の
章

日本海の海底にピストンコアを刺し甲板に引き上げインナーチューブを割ると、こぶし大のメタン・ハイドレートの結晶がごろごろ。（撮影・青山千春博士）

それまでの世界の常識を覆す、しっかりした大きさがある。（撮影・青山千春博士）

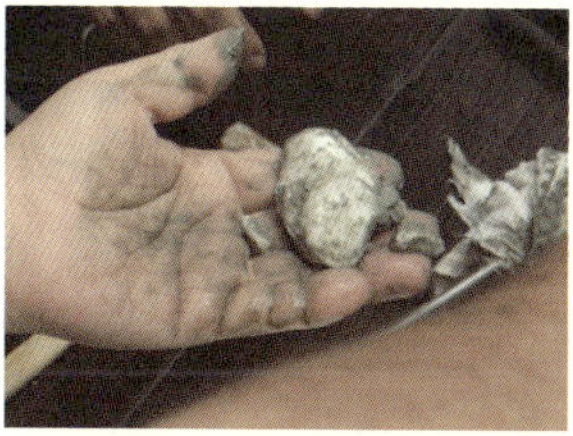

感動を込めて、手のひらに載せてみた。
（撮影・青山千春博士）

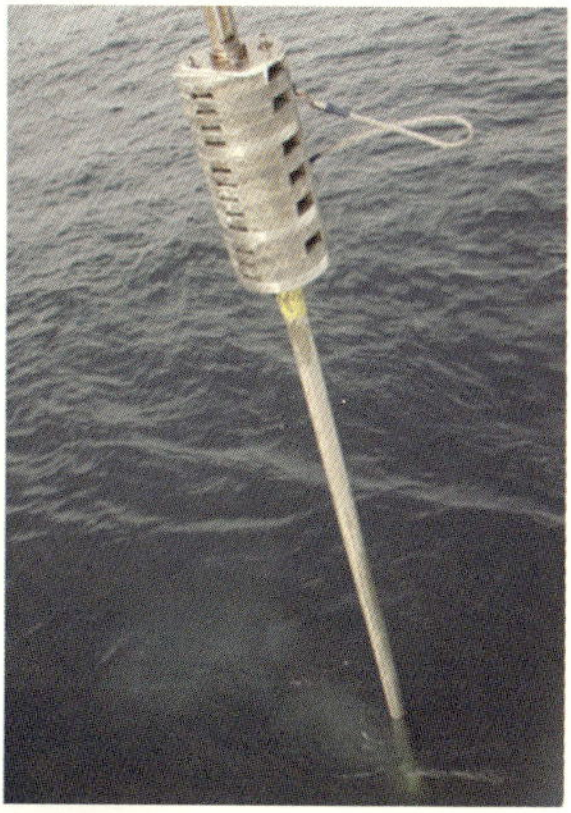

日本海の海底に突き刺す直径約10センチのピストンコア。（撮影・青山千春博士）

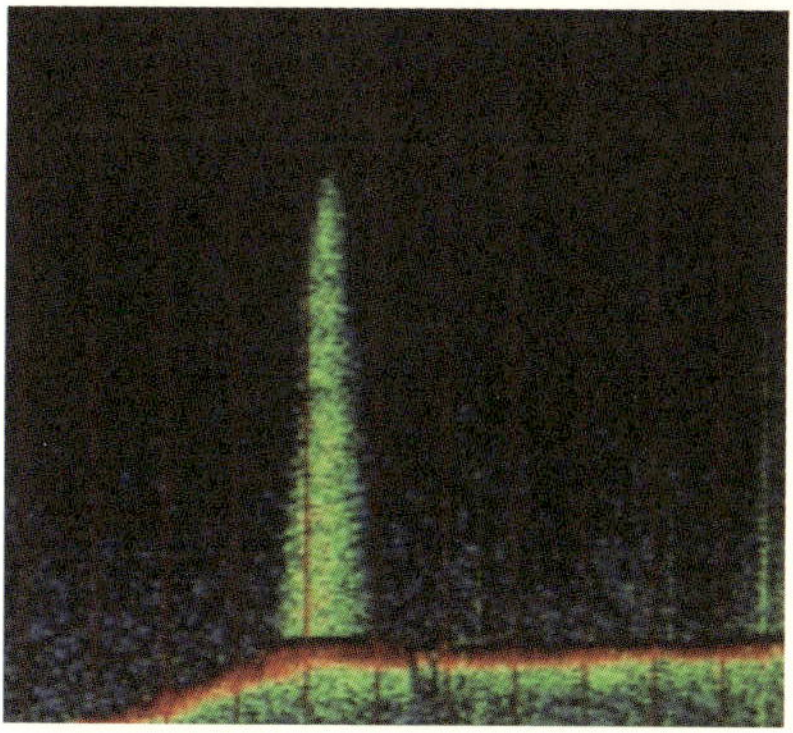

中韓露米豪と日本の特許を持つ『AOYAMA METHOD』により計量魚群探知機でとらえたメタンプルーム。
（撮影・青山千春博士）

＊P206、207、208下部の写真は全て青山千春博士の撮影であり、著作権は法に基づき青山千春博士に属します。

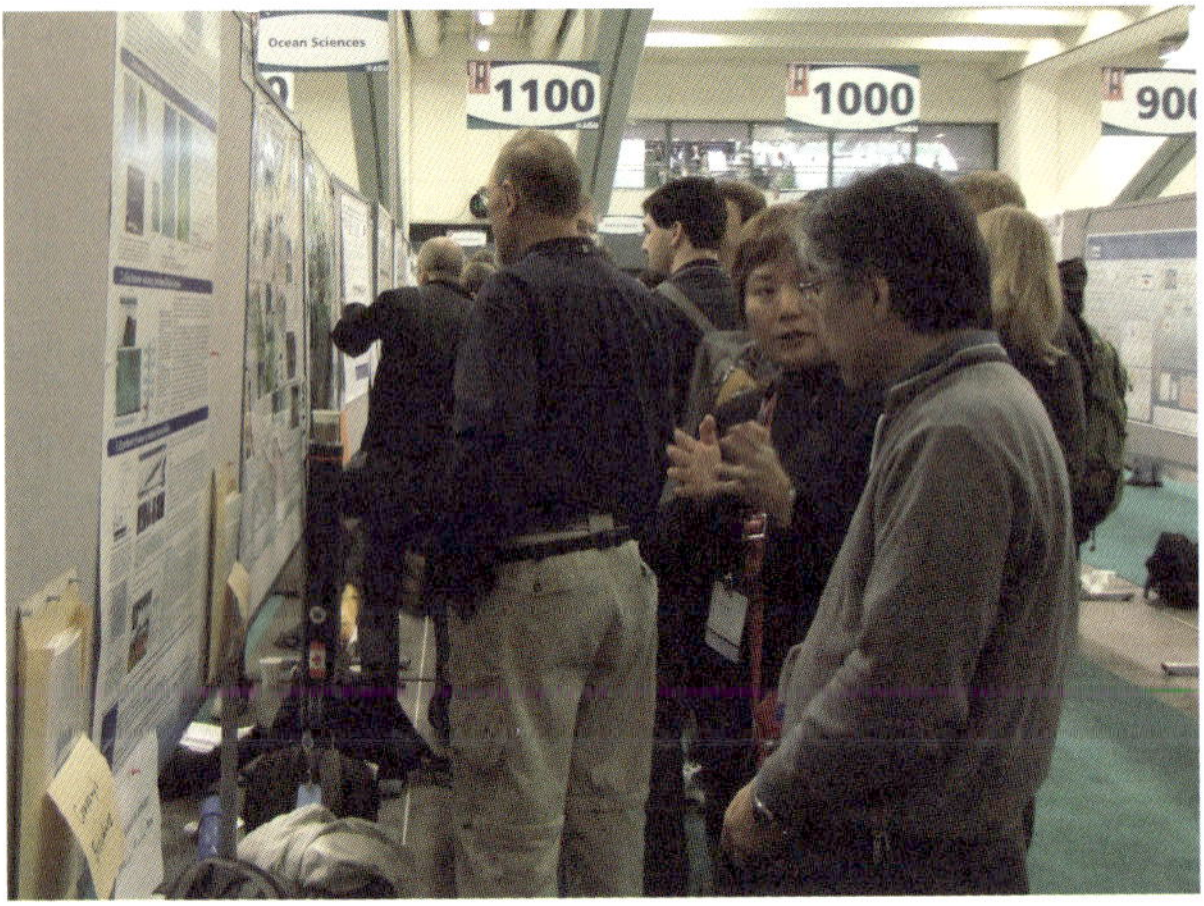

サンフランシスコの学会で議論する青山千春博士。

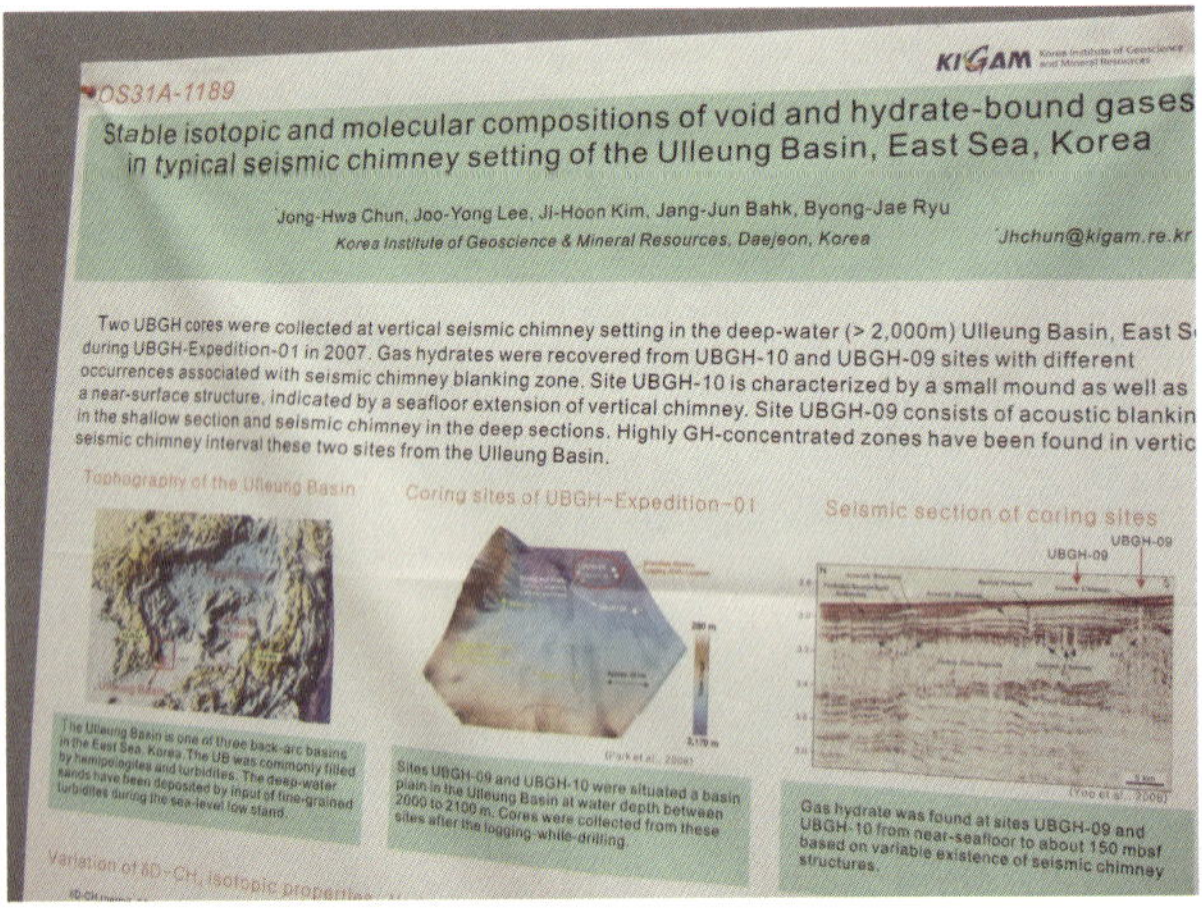

日本海を勝手に「東海」とした韓国の発表が並ぶ。

●一の節

わたしたちの福島原子力災害《ふくしまげんしりょくさいがい》は百年、終わらない。

百年、というのは「たいへんに永《なが》い時間」の喩《たと》えとして言われることも多い。しかしフクシマは違《ちが》う。福島原子力災害が産み落とした放射性廃棄物《ほうしゃせいはいきぶつ》は、内閣府《ないかくふ》の原子力委員会の専門委員《せんもんいいん》であるぼくも含《ふく》めて、いかなる専門家もそれまで空想すらしたことのない膨大《ぼうだい》な量と、悪い質《しつ》、すなわち高い放射線量《ほうしゃせんりょう》である。

その放射性廃棄物を最終的に封《ふう》じ込《こ》めることを考えれば、実際《じっさい》にほぼ百年を考えねばならない。

二〇一一年の早春《そうしゅん》三月十一日に東日本大震災《ひがしにほんだいしんさい》が起き、福島第一原子力発電所が地震、大津波《おおつなみ》、そして菅直人首相《かんなおとしゅしょう》（当時）の誤《あやま》った判断《はんだん》、みずからの権力《けんりょく》に酔《よ》った傲《おご》りと虚《きょ》栄心《えいしん》、それを身を挺《てい》して諫《いさ》めることをしなかった内閣府・原子力安全委員会の班目春樹《まだらめはるき》委員長や原子力安全・保安院《ほあんいん》の寺坂信昭《てらさかのぶあき》院長（当時）らの保身によって引き起こされた人災のために、破壊《はかい》されていった。

その時に生まれた赤ちゃんが人生を終えても、まだ福島原子力災害は終わらない。

だからこそ、わたしたちは道を定めねばならない。

資源《しげん》とエネルギーこそ、祖国《そこく》と民族の将来《しょうらい》を決める。

ところが逆《ぎゃく》に、福島原子力災害の続いていくなか、日本のこれからのエネルギーをどうするかをめぐって議論《ぎろん》は千々に乱《みだ》れ飛んでいる。国を挙《あ》げて迷《まよ》っていると言ってもよい。

しかし、ほんとうは根っこの姿勢《しせい》を変えれば、道は今や、ただ一筋《ひとすじ》であることが見えてくる。

●二の節

まずは、「永遠の声の章」でも短く述《の》べた、戦争と資源エネルギーが日本ではどう関わってきたかについて、あえてふたたび、一緒《いっしょ》に考えたい。

アメリカと戦うまえ、工業力が日本をはるかに上回っていたアメリカと戦えば負けると賢《かしこ》く知っていた先人は、わたしたちの祖国に多かった。その代表的なひとりが、帝国海《ていこくかい》軍《ぐん》の山本五十六《やまもといそろく》・連合艦隊司令長官《れんごうかんたいしれいちょうかん》である。

ところが、その山本長官がみずから真っ先駆《さきが》けて、アメリカ・ハワイ州の真珠湾《しんじゅわん》を攻撃《こうげき》して、アメリカと戦争を始めた。

なぜか。

山本長官が自分を見失《みうしな》ったのではない。もう一度、確認しよう。それは自前の資源がなかったからである。

輸入《ゆにゅう》に頼《たよ》らねばならないのに、アメリカをはじめとする連合軍に輸入路を封鎖《ふうさ》され、突破口《とっぱこう》を切り開くしかなかった。

山本長官は、そのあとに早期の講和《こうわ》にこぎ着けることを祈《いの》り、願っていたが、これは山本長官の責任《せきにん》にも帰する読み間違いであった。

アメリカは、頭を叩《たた》かれれば、相手を殺害するまで戦う。褒《ほ》めているのではない。カウボーイはそうしないと生きていけないからである。荒野《こうや》に切り開いた牧場をすこしでも襲《おそ》う気配があれば、撃《う》ち殺しておかねば、牧場は護《まも》れない。

日本は、こうしてアメリカと戦い、戦争を終わらせるよりも、むしろ人体実験のための原爆《げんばく》まで広島《ひろしま》と長崎《ながさき》に落とされ、ふつうの国民を溶《と》かすように惨殺《ざんさつ》された。

しかし、とにもかくにもその戦争が終われば、二度と負ける戦争などしなくても済《す》むように、何よりも自前の資源を持とうとするはずだ。

ところが、勝ったアメリカの言いなりに、アメリカやイギリスの支配《しはい》する国際メジャー石油資本《せきゆしほん》の言い値《ね》で、石油や天然ガスを買ってきた。

やるべきこととの真逆である。戦争に負けた以上は、勝った側の言うことを聞かねばならないと思い込み、そうしないと怖《こわ》いことになると、日本の政治指導者《せいじしどうしゃ》やトップ企業《きぎょう》の経営者《けいえいしゃ》から一国民まで、それぞれが身を守るために思い込んだのである。

日本が原子力発電に自民党政権《じみんとうせいけん》も民主党政権《みんしゅとうせいけん》も、力点を置いてきたのは、これにいくらかは抵抗《ていこう》しようという意味があった。

原発も、燃《も》やすウランを海外から買わねばならない。だが、ウランは世界中から採《と》れる。石油や天然ガスと比《くら》べるとはるかに、アメリカの支配を受けにくい。原子力を準国産《じゅんこくさん》エネルギーと呼《よ》ぶこともある。

そのことは、福島原子力災害があってなお、正当に評価《ひょうか》せねばならない。

これは日本の隠《かく》れた意図と言ってもいいが、アメリカはとっくに知っていた。そして安心していた。

国際メジャー石油資本と真正面から戦うつもりは日本にはなく、原子炉《げんしろ》も、アメリカの言うことを聞いて買うと考えていた。

かつて田中角栄《たなかかくえい》首相（当時）が中東で日本が直接《ちょくせつ》、現地国《げんちこく》と交渉《こうしょう》して油田を開発しようとすると、ロッキード事件《じけん》を活用して、角さんと呼ばれ国民のアイドルだった宰相《さいしょう》を追い込んだ。

ロッキード事件で田中角栄さんは実刑《じっけい》の有罪判決《ゆうざいはんけつ》を受け、上告中《じょうこくちゅう》に死んだ。

ぼくは、田中角栄首相が実際にアメリカのロッキード社から少なくとも五億円の賄賂《わいろ》を受け取って、日本の民間航路《みんかんこうろ》にロッキード製《せい》トライスター機を押《お》し込《こ》んだと考えている。

日本の司法は、アメリカに押されて、ない事実をあったかのようにでっち上げて嘘《うそ》の有罪判決を下したりしない。世界でもとびきり高いレベルの「独立《どくりつ》した司法」を持っている。

もしも田中角栄さんが、金権政治という、アメリカにつけ込まれる深い闇《やみ》を持っていなければ、日本とアラブ諸国《しょこく》が直接、連携《れんけい》する試みが一部は成功して、日本だけではなく世界の歴史が変わっていたかも知れない。

だが、角さんは裏《うら》では「庶民《しょみん》宰相の角さん」ではなく庶民の想像《そうぞう》を絶《ぜっ》する巨額《きょがく》の裏金を差配《さはい》するひとであった。その角さんが失脚《しっきゃく》すると、日本には国際メジャー石油資本と張《は》りあう試みは一切《いっさい》、途絶《とだ》えてしまった。

そして、福島原子力災害を起こした福島第一原発の原子炉は、壊滅的な被害《ひがい》を出した一号炉から四号炉のすべてが、アメリカＧＥ（ジェネラル・エレクトリック）製のマークⅠ（ワン）である。これは有名な欠陥炉《けっかんろ》だ。どこで有名かというと、当のアメリカで、である。

値段《ねだん》を安くするために格納容器《かくのうようき》を小さくし過《す》ぎている。原子炉は、内部で核分裂《かくぶんれつ》を続ける圧力容器《あつりょくようき》がまずあって、その外を安全のために格納容器で覆《おお》う。それがコスト優先《ゆうせん》で小さくしてあるということは、地震をはじめとする自然災害やヒューマンエラー、人間のミスによる事故《じこ》、そしてテロによって異常事態《いじょうじたい》になったときに、水素《すいそ》の発生などに対して余裕《よゆう》が少なくなる。

アメリカでは、一九七〇年代から、ＧＥ社の技術者《ぎじゅつしゃ》が内部告発したり、政府の核規制《かくきせい》委員会《いいんかい》（ＮＲＣ）からも告発があって、大騒《おおさわ》ぎになった。そのために地震の多いアメリカ西海岸には、ただの一基《き》も置かれなくなった。

サンフランシスコ大地震やロサンゼルス大地震が繰《く》り返されてきた西海岸には、危《あぶ》なくて置けなかったのである。

地震がほとんど起きないとされてきた東海岸、ワシントンDCやニューヨークのある東海岸や、アメリカ大陸の中央部にだけ置いた。

それをアメリカは、地震国の日本に売りつけた。

シスコやロスは、環太平洋地震帯《かんたいへいようじしんたい》で、まさしく日本に繋《つな》がっている。福島にも東京《とうきょう》にも大阪《おおさか》にも鹿児島《かごしま》にも繋がっている。

それなのに欠陥原子炉を日本に売り、日本はそれを買った。

もしも福島第一原発の原子炉がすべて国産炉だったら、ここまで過酷《かこく》な事故になっていない可能性《かのうせい》が強い。

NRCやGEにいた技術者のうち良心派《りょうしんは》は、口を揃《そろ》えるように「3・11のあと福島原子力災害がどのように進行していくか、容易《ようい》に予想することができた。そして、その予想通りに、実際に無残な事態がそのまま進行して、胸《むね》が痛《いた》んだ」と証言《しょうげん》している。

戦争で負けて、勝ったアメリカに従《したが》わねばならないと延々《えんえん》と思い込み続けてきた結果、こんなところにまで、その悪影響《あくえいきょう》が及《およ》んでいる。

観念だけのことじゃない。恐《おそ》るべき実害に直結しているのである。

しかも、福島原子力災害から何か月、経《た》とうとも、一部の地方紙などを別にして日本のマスメディアはこの事実をほとんど報《ほう》じなかった。

ぼくは声を枯《か》らして、全国をめぐる講演《こうえん》でも、客員教授《きゃくいんきょうじゅ》を務《つと》める大学の講義《こうぎ》でも、そしてテレビ番組の収録《しゅうろく》でも、言い続けたが、テレビの放送ではカットされた。

しかしほんとうは、こんなふうに及び腰《ごし》で「自前の資源に似《に》たもの」を持とうとするだけではなく、根本の姿勢を変えることがたいせつである。

それは、「日本は資源小国である」という思い込みを捨《す》てることであり、「日本は敗戦国であるから、勝者の作った世界秩序《せかいちつじょ》に従属《じゅうぞく》せねばならない」という、もはや旧世界《きゅうせかい》の思い込みを脱《だっ》することである。

●三の節

日本はいま、沖縄県石垣市《おきなわけんいしがきし》の尖閣諸島《せんかくしょとう》を中国に奪《うば》われる怖《おそ》れに直面している。

二〇一〇年の九月七日には、中国の漁船（あるいは漁船に偽装《ぎそう》した政府船）が、この尖閣の海に侵入《しんにゅう》したうえ、海上保安庁の巡視船《じゅんしせん》に体当たりをして損傷《そんしょう》させる大事件が起きた。

海上保安庁は、国際法と国内法にのっとって正しくこの船の船長を逮捕《たいほ》し、那覇地方検《なはちほうけん》察庁《さっちょう》が取り調べた。

ところが政府は中国の不正義《ふせいぎ》の圧力《あつりょく》に屈《くっ》して、首相官邸《しゅしょうかんてい》で仙谷由人《せんごくよしと》官房長官《かんぼうちょうかん》（当時）が中心になって「釈放《しゃくほう》」を決め、大林宏《おおばやしひろし》検事総長《けんじそうちょう》（当時）に実質的《じっしつてき》に釈放を指示《しじ》する圧力をかけて、釈放してしまった。

中国は、この船長を英雄《えいゆう》として大々的に宣伝《せんでん》しつつ帰国させて、「尖閣諸島は中国のもの」という真っ赤な嘘をほんとうに見せかける手段のひとつに使おうとした。

しかし中国はやがて奇妙《きみょう》なことに、この船長が事件当時に酔《よ》っ払《ぱら》っていたという情報を工作、つまり意図的な情報操作《じょうほうそうさ》として流しはじめ、むしろ彼を閉じ込める扱《あつか》いに変わった。彼は、英雄から一転、突《つ》き落とされて、それこそ酔っ払ったような言動もみせている。

中国の共産党政府《きょうさんとうせいふ》はなぜ変わったか。

中国も、北朝鮮《きたちょうせん》や韓国《かんこく》、アメリカと同じく、常《つね》に日本社会に深く食い込んで情報収集《じょうほうしゅうしゅう》を続けている。

その情報収集で、この事件のために日本国民がこれまでの意見や立場の違いを超《こ》えて、尖閣諸島という領土《りょうど》に関心を深めたことを知ったのだった。

尖閣諸島に対して中国がこれまで無法な、すなわち国際法に違反《いはん》するふるまいを重ねることができたのは、日本国民の領土に対する関心が、世界の諸国民に比べれば薄《うす》かったからだ。

日本国民が愚《おろ》かなのではない。

小中高、そして大学と、日本の教育では領土問題をほとんど教えないからだ。日本は世界で掛《か》け値《ね》なしにトップの教育水準を持っているし、国民は世界でいちばん真面目《まじめ》に学ぶ。それだからこそ、教育の内容《ないよう》に忠実《ちゅうじつ》に、教わらないことには関心を向けにくい。学生時代のぼくも、ほぼ同じだった。同じ教育のなかで、ぼくだけ目覚めていたのではない。社会人になり、仕事で海外に出るようになって、世界のごくふつうの基準、考え方に自然に気がついていっただけのことである。いま小中高、大学で学ぶみんなも、海外をすこし歩けば、わかる。体と心に感じる。ぼくが子供《こども》だったり、学生だったりした時代よりも、世界の動きはずっと速くなり、日本の危機《きき》もどんどん崖《がけ》っぷちになっているから、ぼくよりも早く、いま学ぶみんなには気づいてほしいと願う。

諸国では、国民のなかに字を読めないひと、書けないひとも沢山《たくさん》いる。読み書きのできるひとが国のなかにどれくらいいるかの割合を識字率《しきじりつ》という。世界では、この識字率の向上が重い課題だ。

しかし日本では「しきじりつ」なんて、話題になることすらない。誰《だれ》でも一定以上の読み書きはできるからだ。

こんな凄《すご》い国は世界にない。

ところが同時に、領土の大切さをほとんど教えない国も、日本以外に世界にない。それは、もともとの日本ではなく、戦争に負けたあとの現在《げんざい》の日本である。たった一度、戦争に負けただけで、そうなった。

領土がなくなれば、祖国もなくなる。祖国がなくなれば、言葉も文化もなくなる。言葉も文化もなくなれば、友だちと話すこともできなくなる。家族とすら、気持ちを通じ合えなくなる。日本はいったん、そのように「ない国」、亡国《ぼうこく》にさせられた。

アメリカの世界最強の太平洋艦隊に真正面から戦いを挑《いど》んだのは、日本の連合艦隊だけだ。しかもそれが黄色人種《おうしょくじんしゅ》だった。

さらに白人の枢軸国《すうじくこく》、イタリアやドイツが次々に連合国に膝《ひざ》を屈しても、日本だけは最後の最後まで降伏《こうふく》しなかった。

それでいて一九四五年のあの夏、八月十五日の正午に天皇陛下《てんのうへいか》が降伏を決断《けつだん》なさると、内乱《ないらん》も起きることなく、軍も国民も奇跡《きせき》のような秩序を保《たも》って、降伏した。軍部の一部に、天皇陛下が読み上げられる降伏の詔書《しょうしょ》（みことのりの文書）がNHKラジオで放送されることを武力で邪魔《じゃま》しようとしたりする動きはあったが、一アナウンサーが毅然《きぜん》と立ち向かったり、みごとに混乱《こんらん》をおさえた。

アメリカをはじめ欧米諸国《おうべいしょこく》は、日本人が逃《に》げず、おのれを守らず、ただ人のため、祖国のために戦い続けることに、怖れを抱いた。

そして天皇陛下の「堪《タ》ヘ難《ガタ》キヲ堪ヘ忍《シノ》ヒ難キヲ忍ヒ（耐《た》えがたきを耐え、忍びがたきを忍び）」というお言葉が流れただけで、その戦いをほとんど一瞬《いっしゅん》にしてやめ、秩序正しく降伏したことに、驚《おどろ》いた。

これらすべての日本の人間力、ひとびとの意志《いし》の力に恐怖《きょうふ》した白人代表のアメリカは、負けた日本を占領《せんりょう》したとき、その占領政策《せんりょうせいさく》として、特に日本の教育と文化の改変《かいへん》を明確にターゲットにし、力を入れ、日本人から祖国を護る意思を巧《たく》みに奪っていく工作を遂行《すいこう》していったのだった。

しかしアメリカは、これだけ戦争ばかりしていながら、領土的な野心はないという不思議な国だ。ほんとうは不思議というより、カウボーイは荒野《こうや》に広い牧場をつくれば、それをむやみに拡《ひろ》げるよりも、きちんと護りたいひとびとなのである。

そのために、アメリカは日本占領の最初から、「いつかは日本を独立させる」と決めていた。

そのとおり、アメリカをはじめとする連合軍の占領は、一九五二年四月二十八日のサンフランシスコ講和条約《こうわじょうやく》の発効《はっこう》をもって、終わった。日本国は、完全な主権回復《しゅけんかいふく》と独立を、国際法に基づいて実現したのである。世界は、これで日本が敗戦の衝撃《しょうげき》から立ち直り、目覚めると思った。

その証拠《しょうこ》に、フェアにみて小国ないし中堅国家《ちゅうけんこっか》にすぎない韓国という隣《とな》りの国は、日本が独立を回復する直前の一九五二年一月十八日に、李承晩大統領《りしょうばんだいとうりょう》（当時）が日本海《にほんかい》に勝手に境界線《きょうかいせん》（李承晩ライン）を引き、その「内側」の海、ほんとうは日本の海でふつうに漁をしていた日本国民を襲って殺害し、傷《きず》つけた。

これだけでも、日本国民が決して忘《わす》れてはいけない、無残《むざん》な不法行為《ふほうこうい》だが、ほぼ忘れられている。

そして韓国は、その嘘のライン、李承晩ラインのなかに竹島《たけしま》（島根県《しまねけん》）が入っていると勝手に、国際法に違反して言い始め、独島《ドクト》という虚偽《きょぎ》の韓国名を付《つ》けて、竹島で漁をしていた島根県民も拘束《こうそく》し、あるいは銃《じゅう》で追い払った。

日本が占領下で身動きとれないうちに日本の領土と海を侵《おか》し、日本が主権と独立の回復《かいふく》後《ご》に大国として復活していくことに備《そな》えようとしたのである。

ところが日本の教育は、主権と独立を回復しても、敗戦後の亡国教育をみずから継続《けいぞく》していった。

そのために、竹島をめぐる真実の現代史《げんだいし》をまったく教えず、北方領土《ほっぽうりょうど》、すなわち南樺《みなみから》太《ふと》と千島列島《ちしまれっとう》の全島をソ連（現・ロシア）が島々の日本国民を殺害しながら占領していったことも、ほとんど教えないできた。

これが、尖閣諸島でも、信じがたいことを引き起こした。

それは何だろうか。

●四の節

その「信じがたいこと」が二〇一〇年九月七日の中国漁船の体当たり事件だろうか。

いや違う。そうした事件を引き起こしていく、根本のことである。

中国は一九六九年から突如《とつじょ》、「尖閣諸島は古来、中国の領土だった」と主張《しゅちょう》する動きを始め、一九七一年十二月に北京放送《ペキンほうそう》で、いわば公式に、尖閣諸島の領有権《りょうゆうけん》を宣言《せんげん》してしまった。

日本は驚いた。古来、どころか前年の一九六八年まで中国はまったく尖閣諸島に無関心で、尖閣の「せ」の字すら口にしたことはなかったからだ。

真実はどうか。日本は、サンフランシスコ講和条約が一九五二年四月二十八日に発効したとき、独立を回復したが、この尖閣諸島や沖縄本島などの南西諸島《なんせいしょとう》、それに硫黄島《いおうとう》を含む小笠原諸島《おがさわらしょとう》などは、その条約のなかで「当面はアメリカの施政下に置く」と定められていた。つまり、日本の領十のうちこの島々だけは、しばらくまだアメリカに返してもらえないと決めてあった。

だから、もしも本当に尖閣諸島が「古来、中国のもの」だったならば、中国は「ちょっと待て。もともと中国領だから、アメリカも日本も関係ない」と抗議《こうぎ》するはずが、一切何も言っていない。中華人民共和国《ちゅうかじんみんきょうわこく》は、この二年半前の一九四九年十月一日に成立していたから、中国は本来、言《い》い訳《わけ》ができない。

そしてさらに、一九五三年一月には、中国共産党の機関紙「人民日報《じんみんにっぽう》」で、「日本の尖閣諸島や沖縄がアメリカに占領され、日本の人民が抵抗している」という趣旨《しゅし》の記事を載《の》せた。

一九五八年、北京の地図《ちず》出版社《しゅっぱんしゃ》が発行した「世界地図集」には、尖閣諸島の左、つまり西側にちゃんと国境線《こっきょうせん》が点線で引かれている。中国は共産党の独裁国家《どくさいこっか》だから、地図は勝手に出せない。

これらを総合《そうごう》すると、中国は間違いなく尖閣諸島を日本領だと考えていた。

その中国が急に「尖閣諸島は実は昔から中国のものだった」と言い始めたのには、明らかな理由《りゆう》がある。資源だ。石油と天然ガスだ。

一九六〇年代の後半、国連は世界で資源探《さが》しをした。その時すでに、やがて石油が枯渇《こかつ》すると心配されていたからだ。探しても大した成果はなかった。ところが、ほとんど唯《ゆい》一《いつ》、有望な海底油田、海底ガス田が見つかったのが、日本の尖閣諸島の海だった。

あれ？

日本は資源のない国じゃ、なかったか。

国連のＥＣＡＦＥ（アジア極東経済委員会《きょくとうけいざいいいんかい》）は一九六八年の秋に東シナ海を調べ、報《ほう》告書《こくしょ》を世界に公表した。その調査《ちょうさ》では、アメリカが石油欲《ほ》しさに戦争を起こしたイラクと同じぐらいの原油（一千億バレル以上）があると見込んだ。

すると途端《とたん》に、中華人民共和国、それに中華民国（台湾《たいわん》）も尖閣諸島は自分のものだと主張し始めた。これはもう、あまりに明瞭《めいりょう》だ。資源欲しさに、嘘をついている。

しかし、実はそれが本題ではないのだ。本題は、では、わたしたちの日本はどうしたかということである。

日本は資源がないために、負けると分かっていた日米戦争を戦わざるを得なかった。そして敗戦のあと、自前の資源、エネルギーを持とうとするより、勝ったアメリカの言いなりに海外から石油や天然ガスを買い続けてきた。大人も子供も、「日本は資源がない国だから」と信じてきた。信じ込まされてきた。

学校でも、国会の論議《ろんぎ》でも、新聞でもテレビでも「日本は資源のない国だから」というところから議論を始める。

ところが、みなさん、いま見てきたように実は日本は一九六八年の当時から、国連に「資源の豊《ゆた》かな国」と名指しされていた。沖縄県石垣市の尖閣諸島の海底に、イラクと同じぐらいの原油があると報告されているのだから。

しかし日本は、ぴくりとも動かなかった。政府は、その沖縄県の海で、油やガスの試掘《しくつ》も採掘《さいくつ》もしなかったし、国民の関心もほとんど無かった。マスメディアも国会議員も沈黙した。

中国や台湾が必死に、「尖閣諸島は自分の領土だ」と叫《さけ》ぶのを、横目で見ていただけだ。

なぜか。

ひとつには、前述《ぜんじゅつ》したように、敗戦後の日本国民は領土に関心を持たないように、しつけられてきた。

ひとつには、日本は資源のない国だとひたすら思い込まされてきた。

ひとつには、中国が叫ぶと「日本には戦争責任があるから黙《だま》っていなければ」と思い込んできた。先の戦争と、現代の尖閣諸島で資源が発見されたこととは何の関係もない。

一九六八年の発見から、この書を書いている現在ですでに四十三年も経《た》っている。そのあいだずっと、わたしたちはみな揃って、「日本は資源のない国だ」とおのれに言ってきたのである。

日本国民は国連が大好きだ。学校で「あの世界大戦がようやく終わって、人類が反省して、戦争を起こさないように創《つく》った美しい組織《そしき》が国際連合《こくさいれんごう》です」と教わるからだ。ぼくは仕事で国連に行くようになってすぐ、国連は世界一、美しくない場所だと理解《りかい》した。だから悪いというのじゃない。国連加盟《かめい》国百九十三か国の国益《こくえき》が真正面からぶつかり合うリアルな場所だということである。きれい事の場ではないからこそ、意味がある。

しかも国連、国際連合は実在しない。ニューヨークのイーストリバー沿《ぞ》いにある国連本部のロビーに行けばすぐ分かる。ロビーはアポイントメントなく、誰でも無料で入れる。そこにはUNITED NATIONS の各国語の訳《やく》が掲《かか》げてある。たとえば中国語だと「聯合国」(連合国)だ。戦争で日本に勝った相手は？　連合国だ。

その通り、大戦が終わって敵《てき》も味方もない美しい組織ができたのではなく、勝った側が負けた側を支配する組織ができたのである。だから名前はそのまま、「連合国」であり、敗戦後の日本がこれを「国際連合」と訳したのは、真実から目を逸《そ》らしていると言うほかない。

目を逸らされて、わたしたち日本国民は国連が大好きだ。その国連が「日本は資源の豊かな国だ」と明言しているのに、これだけは聞こえないふりをしてきた。延々と、そうしてきた。

ほんとうに「信じがたいこと」とはこれではないか。

学者や評論家《ひょうろんか》のなかには、「尖閣諸島の海底には、実際にはそんなに埋蔵量《まいぞうりょう》はない」と言い、なかには「だから中国と共同開発すれば良い」と言う人、さらには「中国に渡《わた》した方が楽になる」と呟《つぶや》く人までいる。

確かに、埋蔵量には異説もいくつかある。しかし、ただの一度も試掘も採掘もしたことがないのに、なぜ「大したことはないんだから」と言えるのか、分かるのか。

中国は、ただ尖閣諸島の領有を主張するだけではなかった。その近辺で、試掘、採掘を繰《く》り返《かえ》したうえに、すでに天然ガスを実用化している。

ぼくと独研（独立総合研究所）の研究員たちが、尖閣諸島とその周辺の海を訪《おとず》れると、中国が立てたやぐらからは鮮明《せんめい》なオレンジの炎《ほのお》が噴《ふ》き出ていた。不純物《ふじゅんぶつ》を燃やして実用化している証拠である。さらにパイプラインを敷設《ふせつ》するための船や、そのパイプラインのメンテナンスをする船まで繰り出していた。実用化した天然ガスを、中国の沿岸部《えんがんぶ》の都市へ送っているのだ。

なぜ中国はいま、それができているか。

一九七一年に北京放送によって公式に尖閣諸島の不法な領有宣言を行ったとき、中国の指導者たちは、共産党の首脳《しゅのう》・幹部陣《かんぶじん》も人民解放軍《じんみんかいほうぐん》の将軍《しょうぐん》たちもみな、お年寄《としよ》りだった。

当時の中国が、尖閣諸島の海底資源をいつ実用化できると考えていたかを、北京で共産党のブレーン、社会科学院《しゃかいかがくいん》のひとびとや軍の大佐《たいさ》、将軍たちに聞くと「五十年」という答えである。

すなわち、国際法に違反し、日本に嘘を押しつける不正義の行為であるが、同時に、当時の指導者たちは自分の利権《りけん》のために、それを行ったのではなかった。まだ見ぬ、将来の国民のために、領有を宣し、試掘し、採掘してきたのだった。

わたしたちが関心を持たなかったということは、実は、自分の今夜の生活に電灯《でんとう》がともればいい、資源とエネルギーはただ今の自分たちのため、子々孫々のことは考えないという根本的な生き る姿勢を示《しめ》してはいないか。

福島原子力災害が起きた今こそ、わたしたちは慌《あわ》てて海外からの資源輸入を増《ふ》やすのではなく、自前の資源を確保《かくほ》して、子々孫々に手渡《てわた》すことをなすべきだ。

その新しい視点《してん》から、尖閣諸島をはじめとする領土を見つめたい。

そして、日本を資源の豊かな国として甦《よみがえ》らせるのは、この尖閣の原油と天然ガスだけではない。

もっと有望なものが存在《そんざい》している。実在している。

●五の節

二〇一一年七月、ぼくと独研（独立総合研究所）の自然科学部長である青山千春博士《あおやまちはるはかせ》、それに研究員の三人は、スコットランドにいた。

スコットランドの首都、エジンバラで、三年に一度の「国際ガス・ハイドレート学会」が開かれ、そこに参加していたのである。

ぼくたちの海、日本の領海とＥＥＺ（排他的経済水域《はいたてきけいざいすいいき》）、さらには奪われたままの千島列島や南樺太の海は、メタン・ハイドレートを豊かに抱擁《ほうよう》している。

メタン・ハイドレートはカタカナばかりで難《むずか》しそうだが、実は難しくない。メタンは天然ガスの主成分だから、要は天然ガスの一種である。どんな種類か。ハイドレートは科学の言葉では水和物《すいわぶつ》だ。つまりは海の底の天然ガスが、巨大な水圧と冷たい温度で凍《こお》っている、すなわち、水の分子にメタンガスの分子が結びついている。これが水和物だ。

科学の世界でも「燃える氷」と呼んでいる。

人類が石炭、石油、天然ガスの次に発見した第四の埋蔵資源であり、いちばん燃焼効《ねんしょうこう》率《りつ》がよく、地球温暖化《ちきゅうおんだんか》への影響がいちばん小さいと期待されている。

メタン・ハイドレートのなかでも日本海のそれは、微生物分解起源《びせいぶつぶんかいきげん》ではない熱分解起源のものが多いという最新の発見もある。熱分解起源のガスは、地球の深いところに膨大に存在しているとみられ、日本海のメタン・ハイドレートの将来性は、これで一段と大きくなっている。

このメタン・ハイドレートこそ、日本が建国以来初めて持つ自前資源になる。

しかし、エジンバラの国際ガス・ハイドレート学会で、いちばん目立ったのは韓国による発表だった。

オーラル（口頭）発表もポスター掲示《けいじ》による発表も、とにかく数が多いのだが、その全てが日本海の、それも竹島の南のメタン・ハイドレートに関する発表であり、さらに二〇一四年までの実用化を明確に打ち出していた。

言うまでもなく、この海域《かいいき》は国際法上、日本の海であり、主権侵害《しゅけんしんがい》の発表と言わざるを得ないが、ほとんどの発表が日本海を「東海《トンヘ》」と僭称《せんしょう》していた。

「東海／日本海」と並記《へいき》していたのは、ただ一件、ポスター発表があっただけであり、不思議なことに、こうなると並記がフェアにみえてしまう。実際は、並記も韓国が仕掛《しか》けて久《ひさ》しいアンフェアな作戦である。

さらにショッキングだったのは、こうした韓国による「竹島海域の日本の資源であるメタン・ハイドレートを奪って実用化する」という研究の資金を出しているスポンサーにアメリカの政府機関やアメリカ資本が多いことだった。

ぼくはアメリカ政府内の知友に問い合わせた。

「アメリカは同盟国・日本を裏切るのか。韓国が一九五一年に、韓国も第二次大戦の戦勝国として扱ってくれ、そして竹島を韓国領とみなしてくれ、とアメリカに懇願《こんがん》した時にアメリカが敢然《かんぜん》と、韓国は戦勝国ではないし竹島は韓国領ではないと返答したという経緯《けいい》もある」

そう問うと、アメリカのエネルギー政策に関わる知友の返答はいつも通り明快《めいかい》だった。赤裸々《せきらら》と言ってもよい。

「日本は韓国による竹島の実効支配《じっこうしはい》を事実上、黙認《もくにん》しているかにみえる。日本海の結晶《けっしょう》状《じょう》のメタン・ハイドレートは、実用化が容易な可能性も高く、合州国は当然、深い関心がある。日本政府は、竹島の海域のみならず日本海全域のメタン・ハイドレートに無関心を装《よそお》っている。理由は知らない。しかしエネルギーの問題は急がねばならない。やる気のある韓国に資金を出すのはフェアなことだ」

この米政府当局者は、ぼくたち独研（独立総合研究所）と東大の連携などによって日本海で結晶状、すなわち塊《かたまり》となって良質のメタン・ハイドレートが採取されていることを熟知《じゅくち》している。

同盟国の米政府だから優先的に教えたのではない。

毎年十二月、サンフランシスコで開かれる世界最大の資源関連学会であるAGU（地球物理学連合）をはじめ、公平な機会にすべてオープンに発表してきたからである。だから、もちろん日本政府も韓国政府も、世界中が知り、そして米韓が手を組み、日本ではいまだに「ないことになっている」（元経産省《けいさんしょう》高官）。

これは、「日本海にはメタン・ハイドレートがろくにない、ことになっている」という意味である。

福島原子力災害のあと、新聞もテレビもメタン・ハイドレートを取り上げる機会が増えたが、使われる地図はいつも同じ、そしてその地図には確《たし》かに、太平洋側にはメタン・ハイドレートが大量に賦存《ふぞん》し、日本海側にはごく限定的にあることになっている。

しかし真実は、この地図は「どこにあるか」ではなく「どこを調査したか」の地図に過ぎない。実に巧妙《こうみょう》な誤魔化《ごまか》しである。

●六の節

日本政府は、自民党政権時代から南海《なんかい》トラフを中心とした太平洋側のメタン・ハイドレートを調査するコンソーシアム（産官学の連携）を作り、総額《そうがく》で約五百億円を投じてきた。対照的に日本海には、ごくわずかな予算しか拠出《きょしゅつ》していない。そのために「調査した海域」を地図にすれば当然、太平洋側ばかりの地図になる。

太平洋側にもメタン・ハイドレートは確実に賦存する。しかし砂《すな》とメタン・ハイドレートが分子レベルで混《ま》ざり合い、結合している。そのために政府主導のコンソーシアムが十年を掛けても、なかなかメタン・ハイドレートの実物が確認《かくにん》できなかった。そのために、大きな塊でごろごろと見つかった日本海側のメタン・ハイドレートが「なきもの」にされてきた。これが恐るべき日本の現実のひとつである。

これが嘘か本当か、読者にフェアに判断していただくために、より具体的、実際的な経《けい》過《か》を記そう。

発端《ほったん》は、一九九七年にロシアのオイルタンカー・ナホトカ号が日本海で沈没《ちんぼつ》したことだった。油がぶちまけられ、なかでも海中の油が難題《なんだい》だった。政府から独研の自然科学部長である青山千春博士に「油を見つけて欲《ほ》しい」という依頼《いらい》があった。

青山千春博士は、東京水産大学《とうきょうすいさんだいがく》の航海科《こうかいか》に在学中に、日本女性として初めて大型船の船長（甲種船長《こうしゅせんちょう》）の資格《しかく》をとった船乗りである。

本人は、帝国海軍の軍楽隊トランペッターだったお父さんの影響で、海に憧《あこが》れただけだったが、女性の新しい生き方として、マスメディアに注目された。

ちなみに、この亡《な》き父上は、敗戦のあとはＮＨＫ交響楽団《こうきょうがくだん》のトランペッターになり、そしてジャズ・トランペッターになり、「鉄腕《てつわん》アトム」や「ジャングル大帝《たいてい》」のアニメのテーマ曲で流れる高らかなトランペットは、このひとの演奏《えんそう》である。

ぼくは、その父上が亡くなった直後に、新聞の「時の人」欄《らん》に登場していた、旧姓《きゅうせい》・横川千春《よこかわちはる》さんを知った。まさか船乗りと結婚《けっこん》するとは思わなかったが、ぼくが二十六歳《にじゅうろくさい》のとき、共同通信《きょうどうつうしん》に入社したばかりの時代に結婚した。

国際学会で、この青山千春博士と外国の研究者たちが議論しているとき、ぼくが「ところで、この博士はぼくの配偶者《はいぐうしゃ》です」と言うと、「あ、そうですか」だけで終わり、議論に戻《もど》る。私生活《しせいかつ》と公は関係ないからである。

ところが日本社会では、「何だ、かあちゃんの話か」と言われることも多く、ぼくらはかなりのあいだ、互《たが》いに配偶者であることは積極的《せっきょくてき》には言わなかった。そろり、そろりと社会に伝え、この頃《ごろ》では、そんな風に言われることも減《へ》ってきた。

この青山千春博士は、いまでは水中音響学という珍《めずら》しい分野の専門家だ。魚群探知機《ぎょぐんたんちき》を使って、海中の魚群ではなく資源などを見つける技術を持っている。漁船が積む魚群探知機を使うから、コストはたいへんに安く、そして資源を祖国のために見つけるだけで売ることは考えていないから、利権を生まない。

だから、「その技術を使って、海中の油を見つけて欲しい」という依頼があったのだ。

青山千春博士は船上から次々に油を見つけていったが、そのうち日本海の海底から巨大な柱が屹立《きつりつ》していることに気づいた。

コンピューターの画面に現《あらわ》れたその柱は、今で言えばちょうどスカイツリーほどの高さ、平均《へいきん》六百メートルほどもあった。

独研は「日本海はメタン・ハイドレートが海底に露出《ろしゅつ》するか、浅い土中にあり、その粒子《りゅうし》が泡《あわ》のように上がってきているのではないか」という仮説《かせつ》を立てた。

「メタン・ハイドレートは太平洋側で東大と政府がやると決まっている。余計《よけい》なことはしなさんな」といった反応《はんのう》がほとんどだったが、その東大の中でも「これまで水中を見ることはしなかった。海底下だけではなく水中を観察する方法があったんですね。これはメタン・ハイドレートの可能性がある」と積極的に受け止めてくれる良心的な声もあった。

そして、こうした研究室の科研費、独研のなけなしの資金、さらにはぼくの個人借金《しゃっきん》を合わせて、どうにか日本海で調査研究を進めた。

青山千春博士は、この計量魚群探知機《けいりょうぎょぐんたんちき》を用いてメタンプルーム（プルームは水柱の意）を見つけ、そのプルームの根元で海底面に露出したメタン・ハイドレートの塊や、海底下でもおよそ百メートルという浅いところから結晶状のメタン・ハイドレートを確実に発見し続け、二〇〇五年には、この海底資源探索方法《かいていしげんたんさくほうほう》で国内特許《こくないとっきょ》を取得し、さらにはアメリカ、オーストラリア、韓国、中国、ロシアといった重要な諸国の特許も取得した。

こうして国際社会は、上述のように中韓露も含めて、日本海のメタン・ハイドレートの実用的価値と、「アオヤマ・メソッド」の技術をありのままに認《みと》めた。

●七の節

では肝心《かんじん》の日本国内ではどうなったか。

ぼくたちは「日本の初めての本物の自前資源」という大いなる可能性を感じたが、このままでは資金の枯渇でどうにも基礎調査《きそちょうさ》すら続けられない。

危機のなか、ようやく年間わずか一千万円の調査予算が内定すると、それが「著名学者《ちょめいがくしゃ》の反対」（経産省高官の直接証言。証言には実名が示されていた）によって、それがさらに削《けず》られ、三百万円の予算となった。

ぼくは正直、底知れぬ悪意を感じた。なぜなら、研究船を出す時に傭船料《ようせんりょう》や油代、人件費《じんけんひ》などで最低でも片道《かたみち》三百万円はかかるからだ。片道の予算しか出さない、つまり行くなということではないかと懸念《けねん》した。

ぼくは自然と、戦艦大和《せんかんやまと》の悲劇《ひげき》を連想した。大和は、片道の燃料《ねんりょう》だけで沖縄戦に出撃していったとされるからだ。実際には往復《おうふく》できる燃料があったという異説もあるし、こんな連想に拘《こだわ》るわけではない。しかし、帝国海軍みずから、真珠湾攻撃で航空機の優勢を、世界と時代に先駆けて立証しながら、巨大な鉄の塊であり航空機の餌食《えじき》になると分かっている大和に執着《しゅうちゃく》した史実を考えると、既得権益《きとくけんえき》にしがみつく日本社会の病理が、戦前も現在も繰り返されている実感は、確かにある。

そして、さらに結晶状のメタン・ハイドレートの実物を採掘すると、むしろ逆に予算がゼロになるという信じがたい苦難《くなん》に直面した。

太平洋側では、年間およそ五十億円、十年で総額およそ五百億円の予算が投じられ、明確なメタン・ハイドレートの採掘は未《いま》だないことと対照的である。

ぼくたちは、ただの一度も太平洋側の調査を止めよと提唱《ていしょう》したことはない。逆である。

太平洋側の南海トラフなどは、日本海と違って前述したように、メタン・ハイドレートが砂と分子レベルで結び付いている。だから実用化に時間がかかるが、しかしいずれは実用化できる可能性がある。

だから五百億円の予算を投じたことも決して無駄《むだ》ではない。日本海側と並行して続ければいいだけの話である。

これを経産省高官に問うと、彼はこう応《こた》えた。「青山さん、まずいんだよ、こちらは五百億で実際の成果は今のところゼロ、そちらはタダ同然でメタン・ハイドレートの分かりやすい塊がごろごろなんだから」

ぼくは、彼の率直《そっちょく》な言葉をむしろ評価し、こう言った。「あなたは、官僚《かんりょう》としてここまで登《のぼ》り詰《つ》めた。ここまでは出世欲《しゅっせよく》が原動力であっても、おかしくない。しかし、このあとは死ぬまでの間、ただ祖国に尽《つ》くすだけではないか。資源小国であったために、負けると分かっていた日米戦争まで起こした祖国が、建国から二千数百年を経《へ》て初めて自前の資源を持ち、日本海側と太平洋側を合わせれば、資源大国になる希望《きぼう》まである。なぜ目の前のことばかりに囚《とら》われるのですか」

だが日本国のよいところは、どんな組織にも良心派の動きがあり、良心的な人材のいることだ。彼は実際、良心のある人だった。

やがてその彼も動いて、経産省が太平洋側のコンソーシアムの会議の場に、わたしたちの出席を認め、青山千春博士が日本海の海底に露出したメタン・ハイドレートの動画を、会議室の壁《かべ》に映《うつ》し出《だ》した。

するとと出席していたガス会社と石油会社それぞれの若手研究員《わかてけんきゅういん》が「あぁー」と大きな声を出した。「これはメタン・ハイドレートそのものじゃないですか。なぜ、ここ（日本海側）をやらないんですか」とも問うた。

これら若手の研究員は、まだ既得権益に絡《から》めとられているところが少なく、ありのままに感じたことを問うたのだろうと、ぼくは考えた。純粋《じゅんすい》な研究者としては、当たり前の感想であるからだ。

すると「独立総合研究所のかたがたは、ここまでです。出てください」と言われた。

それでも、ぼくは「こうやって明白な事実が提示《ていじ》されれば、健全な判断へ前進するだろう」と考えた。これは、まったく甘《あま》かった。

何も変わらない。では、どうしたか。

ぼくは、超党派《ちょうとうは》の議連の結成を働きかけた。もとは共同通信政治部の記者出身であるから、知己《ちき》は多い。

そのなかで、やはり良心派と言うべき衆参両院議員《しゅうさんりょういんぎいん》に集まってもらった。政治がこれだけ愚劣《ぐれつ》になってもなお、個別《こべつ》には良心派と言うべき人材が、ここ（政界）にもいるのである。

議連は「日本海のメタン・ハイドレートを活《い》かす会」といった仮称で立ち上がり、初会合に資源エネルギー庁の高級官僚が出席して説明することになった。そして、初会合に全議員が集まったとき突然、その官僚から欠席の連絡《れんらく》があった。

議員は民主、自民両党がいて、すでに党のトップを務めた人も、その後に閣僚となっている人もいた。みな、この官僚の土壇場《どたんば》キャンセルに憤激《ふんげき》するとともに日本海側のメタン・ハイドレートがどんなアンフェアな扱いを受けているか、それが誇張《こちょう》でも何でもなかったことを実感したとそれぞれに語った。

それにしても、この官僚は、国会議員たちの怒りを重々、予測できるのに、あえてドタキャンを選んだ。日本海のメタン・ハイドレートを活かさず、封じ込めようとする既得権益の力がいかに大きいかが伺《うかが》える。

政治家たちと、資源エネルギーをめぐる既得権益の側、その両方ともやっかいだと官僚は思うなかで、官僚らしく、より恐ろしい者の側についたのである。

●八の節

さて、このような情況《じょうきょう》は福島原子力災害の発生後に変わっただろうか。

メタン・ハイドレートの注目度は明らかに上がった。だから「いよいよ日本海のメタン・ハイドレートも実用化に進むでしょうね」と話してくれる人は多い。ところが真逆である。青山千春博士を研究船に乗せない動きが初めて出てきたり、圧力は一段と強まっている。

ぼくは最近、日本海で鉱区《こうく》を持つ大手石油会社の役員と議論した。彼は「結晶状のメタン・ハイドレートというのは、過去の石油掘削《せきゆくっさく》の経験《けいけん》ではやりにくい」と言う。

ぼくは「そこがまさしく焦点《しょうてん》です。過去の石油中心の考え方ではなく、土木学を採り入れた新しい姿勢で日本を資源大国にしましょう」と提案した。彼は、すこし黙り込んだあと「うん、一度、考え直してみます。どう考えるかは分かりませんが……」と応えた。

この会社とは別の大手石油会社の社長はぼくに「青山さん、日本は戦争に負けたんだ。勝ったアメリカの言う通りに、資源は海外から買う。それで世界秩序も、われわれ日本の経済もうまく廻《まわ》っている。日本海のメタン・ハイドレートは実用性が高いからこそ、それを覆《くつがえ》す怖れがある。だから我《わ》が社《しゃ》もできない」と、これも率直に語ってくれた。

ぼくは、こう応えた。

「実はその米国とも、資源のない国として輸入路を封鎖されたから、戦わざるを得なくなりましたね。二度と負ける戦争をしないためにも、既得権益を脱しませんか。あなたと数万人の石油会社の社員も、ぼくとわずか二十人前後の独研の社員も、百年経ったら誰もいない。命は自分のことだけ考えるのなら意味はない。子々孫々に受《う》け継《つ》いでこそ命は輝《かがや》く。日本を自立できる資源大国に変えて子々孫々に渡しませんか」

社長は、エレベーターのところへぼくを送ってくれた。途中《とちゅう》でふと、秘書《ひしょ》さんに「おまえは、ここでいい」と言って止め、エレベーターの扉《とびら》の前では、ふたりだけになった。

「青山さん、われわれは今の商売をやめられない。毎年、確実に総額では五十億の予算をいただいて、目立った成果がなくても、メタン・ハイドレートが一粒《ひとつぶ》も出なくても、国会で一度も質問されたこともない。メディアに書かれたこともない。日本は資源のない国だと決まっているし、資源のない国でいなきゃいけないからですよ。だから、こんなに利益の上がる商売はやめられない。しかしね……」

ぼくは黙って眼《め》を見ていた。

「あなたの言った命のこと、命の意味のこと、それだけは考えてみようと思うよ」

ぼくは、ずっと年上のこの社長に、深々と頭を下げた。世代を超えて話を聴《き》いてくれ、立場を超えてむしろ正直に、真実を話してくれたことに、こころから感謝《かんしゃ》していた。今も感謝している。

●九の節

福島原子力災害で原子力の未来《みらい》は明らかに一変した。従来と同じ技術の原発は増やせないし、現在の原子炉に寿命《じゅみょう》が来たとき、同様の型や技術の新品に置《お》き換《か》える（リプレイスする）のも困難《こんなん》だ。

一方で、自然エネルギーも「自然エネルギーだからリスクがない」とする論説《ろんせつ》は、原子力にはリスクがないと称してきた原子力村の住人たちと同様に嘘つきである。

自然ほど破壊力のあるエネルギーはないからこそ3・11の悲劇も起きた。

風力、太陽光だけでなく太陽熱をはじめ自然エネルギーは従電源《じゅうでんげん》、ピーク時の補助電《ほじょでん》源《げん》としてこそ大切に育《はぐく》むのであって、主電源にしてはならない。

たとえば優《やさ》しい風がいったん牙《きば》を剥《む》けばどれほど恐ろしいか、毎年、台風に苦しむ日本国民が知らないはずはない。

そして風力発電に注力してきたデンマークを訪《たず》ねたとき、デンマーク環境省の担当官《たんとうかん》三人と会った。うち日本に駐在《ちゅうざい》した経験を持つ、身長二メートルを超える巨人にして笑顔の穏《おだ》やかな高官はこう言った。

「青山さん、あの美しい日本の山や川や海を護ってください。風車を増やしすぎると自然が破壊される。それに低周波の音で苦しむ人も増える。あなたは自由な民間人だから、私の本音を言いたい。デンマークはこれだけ風車を増やして、自然の風景を変えたが、それでも電力が足りず、原発と水力発電のスウェーデンから買っている。わがデンマーク王国は人口五百万だ。一億三千万近い日本で風力を従でなく主にしたら、必ず自然を破壊し、低周波の音に悩《なや》む人がどれほどになるか、心配しています」

わたしはそのあと南下して、ドイツに入った。ドイツは太陽を積極活用している。やはり環境省の、これは博士号を持つ専門官は「平地の多いドイツならともかく、平地の少ない日本で太陽光を主電源にしたら、山肌《やまはだ》にまでパネルを張って自然を壊《こわ》し、それでも足りないでしょう。冷静に考えるべきだ」と言った。

同じ太陽でも太陽熱は、光をレンズや反射鏡で効率よく集める。太陽光より潜在力《せんざいりょく》があるが、大きな施設が必要で、平地の少ない日本で主電源にするには、やはり無理がある。

自然エネルギーは少なくとも当面は、サブ、従の電力としての素晴《すば》らしい可能性を追求すべきだ。

では何を当面の主電源にするのか。

日本海のメタン・ハイドレートは、韓国の学会発表にあるように実用化がごく近い可能性がある。

結晶状のメタン・ハイドレートはメタンと水に分ければ、つまり融《と》かせばそのまま既存の火力発電所で使える。佐渡島《さどがしま》の南や直江津港《なおえつこう》のすぐ先からまずは採れるから、コストは格段《かくだん》に下がる。地球温暖化にも、石油、石炭による火力発電よりずっとマイナス効果が小さい。

海の底から新たに採取する資源であるから、海底環境への影響も同時に、徹底研究《てっていけんきゅう》せねばならない。ただ従来から、海底油田、海底ガス田の開発を重ねてきた経験はある。

そして、メタン・ハイドレートは現状のままの方が、メタンガスとして温暖化に関係している怖れが、これまでの研究で分かりつつある。賦存の状態をしっかり調べて活用する方が温暖化を逆に抑制《よくせい》できる科学的な可能性は実は小さくない。

日本に、世界と比較すれば安全性の高い原子炉はある。絶対安全ということでは全くない。世界の原子力発電所を歩いた体験と知見からして、比較的に安全性が高め、ということだ。ただし「冷却《れいきゃく》が止められたら……」ないし「冷却が止まったら……」というリスクは、こうした原子炉にも厳然《げんぜん》と、ある。

そのうえで、ぼくは二〇一一年四月二十二日の金曜に、福島第一原発の構内《こうない》に作業員以外では初めて入り、報道されていない事実としてＢＷＲ（沸騰水型軽水炉《ふっとうすいがたけいすいろ》）の構造的欠陥《こうぞうてきけっかん》が厄災《やくさい》を拡《ひろ》げた可能性を実感した。ＢＷＲは、核分裂をコントロールするための「制御棒《せいぎょぼう》」を、圧力容器の底から入れる。だから、最初からお釜《かま》の底に穴《あな》が開いている構造だ。ふだんは穴はふさがっているが、地震をはじめ異常事態で穴のところに隙間《すきま》などができれば、メルトダウンで核燃料が溶けたとき、そこから下へ漏《も》れやすい。

また使用済みの核燃料棒を入れるプールが、地上から三十ないし四十メートルの高みにある。何か起きて水を入れるときに当然、困《こま》り果《は》てる。

福島第一原発では、この構造欠陥がそのまま無残な事故に直結した怖れが強い。

対照的に、ＰＷＲ（加圧水型軽水炉《かあつすいがたけいすいろ》）は制御棒を上から入れる構造だから、圧力容器の底に穴は開いていない。使用済みの核燃料棒を入れるプールも地上と同じ高さにあり、水を入れやすい。

だからといってＰＷＲが絶対安全ということは、決してあり得ない。あくまでも比較《ひかく》の問題である。人間の技術で「絶対安全」はない。きわめて安全な日本の新幹線も、小さなプラスティック爆薬の持ち込みで、あの高速走行のまま横転する。にんげんは、「より安全」を力の限り、求めるほかない。

ＰＷＲの安全性を謙虚《けんきょ》に高めることが先決だ。それが実現できたときに限り、ＰＷＲを中心に再稼働《さいかどう》をおこない、三十年、四十年後にその寿命が来るまで、まずはメタン・ハイドレートを活用する火力を拡充《かくじゅう》し、その間に次世代のエネルギーをじっくり研究開発する。

これが、この「手にとる希望の章」の冒頭《ぼうとう》に申した一筋の道である。

中国やインドの原発増設をはじめ、これから懸念《けねん》される原発事故に備える日本の世界的《せかいてき》貢献《こうけん》としても、日本が自前資源によって真の独立国家として甦るためにも、この道は希望の道である。

ぼくらは、その希望を日本海で、まさしく手にとることができる。

巨大な力が、研究船に乗ることすら阻《はば》むのなら、ひろく志《こころざし》を募《つの》って、二千数百年の歴史で初めての自前の資源を手のひらに載せられることを体験してもらう計画も、すこしづつ考えていく。

祖国は、ここから変わる。根っこから生まれ変わる。

海鳴りの章

ぼくはこれまで、おのれの本に他の書き手のかたの言葉を記したことがない。まだプロの書き手ではなかった若《わか》い時代から決めていることがあるからだ。引用で本を作るひともいるが、ぼくはそうしない。これだ。

しかし、この本は、先達の遺作《いさく》をあえて最後に置きたい。

それは二〇一〇年の五月に九十四歳《きゅうじゅうよんさい》で大往生《だいおうじょう》を遂《と》げられたシュールレアリズムの歌人、加藤克巳《かとうかつみ》さんの詠《よ》まれた歌である。

その歌は、宮城県気仙沼市《みやぎけんけせんぬまし》の歌碑《かひ》にある。

気仙沼は、東日本大震災《ひがしにほんだいしんさい》で大きく深く傷《きず》ついた。ぼくがその被災地《ひさいち》に入ったとき、歌碑の行方《ゆくえ》は、分からなかった。大混乱《だいこんらん》のさなかであったから、「ひょっとしたら海の底かも知れない」と思っていたら、歌碑は生き残ったことが分かった。大きな石積みの土台には、深い破壊《はかい》のあとがあるのに、歌碑は傾《かたむ》きもせず、耐《た》えきった。

それを知ったとき、終章に登場してもらおうと決めた。

加藤さんは、ぼくらの祖国《そこく》の敗戦を二十九歳の兵士として迎《むか》えられ、家業のミシン会社を支《ささ》えつつ、祖国の再建《さいけん》を短歌の革新《かくしん》によって果たそうと終生、戦われた。

できれば外の風にあたりながら、この歌を声に出してみてほしい。
日本語の限《かぎ》りのない力から、祖国は甦《よみがえ》る。

眼つむればつねに海鳴りがきこえ来て清き勇気を清き勇気を

（了）

ふしぎの本

ぼくは、さまざまな仕事を持っています。

意図してそうなったのでは、ありません。ぼくなりに、ささやかに祖国《そこく》の助けになることを模索《もさく》するうち、自然と、こうなりました。

しかし根っこは、物書きです。

ところが、ここ二年半ほど一冊《いっさつ》の本も出すことができませんでした。

そのわけは、九割《きゅうわり》がた、とにもかくにも書く時間を確保《かくほ》できなかったことにあります。

しかし一割は、別《べつ》の理由です。そして、たったの一割とは言いながら、重い石のようにのしかかる苦渋《くじゅう》でした。

その石が、実はこの「ぼくらの祖国」だったのです。

この本を仕上げられないために、物書きとして他の著作《ちょさく》も、頭の中にはすでにありながら、すべて凍《こお》りついて止まっていました。

なぜ、仕上げられなかったのか。

まず、パーソナル・コンピューターのなかの原稿《げんこう》ファイルが、二度にわたりバックアップまで含《ふく》めて完全に壊《こわ》れるという不思議なトラブルから始まりました。

ほかの原稿は一切、何の被害《ひがい》もありません。狙《ねら》い撃《う》ちされていると言うほか、ありませんでした。警察庁《けいさつちょう》の外事情報部《がいじじょうほうぶ》が関心を寄《よ》せる事態《じたい》でした。

さらに実母と義母《ぎぼ》の介護問題《かいごもんだい》が発生し、そして義母の死があり、そのうえに四つの病（尿管結石《にょうかんけっせき》、重症肺炎《じゅうしょうはいえん》、大腸癌《だいちょうがん》、腸閉塞《ちょうへいそく》）が連続して起きて、二度にわたり死に神の笑う歯が見えるほど死に近づき、退院後《たいいんご》も、腹の底から地獄《じごく》へ引《ひ》っ張《ぱ》られるような体調不良との戦いが続き、そこに東日本大震災《ひがしにほんだいしんさい》と福島原子力災害《ふくしまげんしりょくさいがい》が重なり実務家《じつむか》としての奔走《ほんそう》が始まったことがありました。

これらも、次から次へと重なった困難《こんなん》ではありましたが、それらを別にして執筆《しっぴつ》そのものの難《むずか》しさは、読者対象をどこに絞《しぼ》るかにありました。

この書を書く最初のきっかけは、本文中でもお話ししたとおり、若《わか》いお母さんの「子供《こども》に読ませる本、祖国を教える本がない」という訴《うった》えでした。

このお母さんの願いは、ただ単に子供に与《あた》える本ではなく、子供自身も読むことができるし、その子供の親や教師《きょうし》や、子供の周りにいる大人たちも読むことのできる本、ということではないかと思いました。

となると、明らかに新しい試みです。これまでなかった本を書こうとするのは、意気あがる愉《たの》しい試技《しぎ》だけど、簡単《かんたん》ではありません。

しかし、文章を書くとは、不思議な力業《ちからわざ》です。苦しみの果てに、みんなそれぞれに話しかけるように書けばいいんだと気づきました。

それは、こういうことです。……長雨がふと、やんだ一夜、ぼくの周りに、子供も親も教師も、いろんな大人たちも車座《くるまざ》になってくれている。ぼくが中心というわけじゃない。座の中心は、あかあかと燃《も》える薪《まき》の火です。

ぼくは自在《じざい》に、火のまわりを歩きながら、子供の眼《め》を覗《のぞ》き込《こ》んで話すこともあれば、親とビール片手《かたて》に話もする。教師とはなぜか、指相撲《ゆびずもう》もしちゃう。男女のティーンから山のような質問《しつもん》をどんどん受けていったり、正体不明の大人と向き合ったりもする。

これでいいんだ。こんな本だ。

たったそれだけのことに気づいただけで、一気に仕上がりました。

ただし、その原稿を仕上げていくあいだ四週間を超《こ》えて、ベッドにも布団《ふとん》にもほとんど入らない生活には、なりました。生きているのが、ちょっとだけ不思議。

やっぱりこれは、ふしぎの本です。

突破口《とっぱこう》のひとつは、次の書《か》き込《こ》みでした。

ぼくには地味な個人《こじん》ブログがあります。そこへの書き込みです。

…（前略《ぜんりゃく》）青山さんには一度説教をしたいと思っておりました。貴方《あなた》は日本のために生き残らねばならないと思います。

お礼を言わねばならない事柄《ことがら》がありますので、お時間があれば読んでください。すぐ終わります。

友人のニートがいます。そいつは政治《せいじ》に絶望《ぜつぼう》し日本に絶望し自らの将来《しょうらい》にも絶望していました。

アニメにしか興味《きょうみ》がなく政治なんてどうでも良いと考えている男だったのです。彼《かれ》を何とかしようと友人たちが色々なことをしましたがだめでした。私《わたし》が青山さんの動画をみせると、最初は興味なさそうにしていましたが、アンカーを数回見せると、青山さんの話だけは興味を持ち、自らの小さいながらも使命に目覚めたようです。さくらんぼ農家の長男である彼は、日本を諦《あきら》めないことに決めたようです。（原文のまま）

ミスター・さくらんぼとその友人が「語ってくれ、俺《おれ》たちも車座に入るよ」と勇気《ゆうき》づけてくれたのです。

今ぼくは、冬のサンフランシスコに向かう機中にあります。資源《しげん》エネルギー・環境《かんきょう》・宇宙《うちゅう》をめぐる国際学会《こくさいがっかい》に参加します。日本時間の二〇一一年十二月五日の深夜です。

この月の二十七日に出る本の原稿を、こうして機中でまだ書いているのです。それでもきっと、ちゃんと書店に並《なら》ぶでしょう。

編集《へんしゅう》の田中亨さんをはじめ扶桑社《ふそうしゃ》のサポートは、常識《じょうしき》をはるかにぶっ飛ばした、夢《ゆめ》のようなものです。生涯忘《しょうがいわす》れることはありません。

そして現在《げんざい》は、シスコのホテルで、ついに、すべての執筆とゲラの手直しが終わります。ほんとうに書店に並びます。日本時間の十二月八日の未明です。発刊日《はっかんび》まで、あと十九日しかありません。ひょっとしたら、日本出版界《にほんしゅっぱんかい》の記録かな。

ふしぎにも、真珠湾攻撃《しんじゅわんこうげき》の日に重なりました。シスコ時間では、七日の早朝です。つまり、またしても徹夜《てつや》となり、雲の上に浮《う》いているような、心身です。

しかし、それでいて体力の復調《ふくちょう》をいま、はっきり感じています。物書きには、書物が出るのが、いちばんの燃料《ねんりょう》注入なんでしょう。

そして書物は、書き手がその手を放した瞬間《しゅんかん》から、公器です。どうぞ、ちいさなお役に立ちますように。

青山繁晴　拝

重版《じゅうはん》のための、あとがき

このささやかな書物が書店に初めて並《なら》ぶ、その八日前のことです。ぼくは福島県《ふくしまけん》の飯舘《いいたて》村《むら》にいました。村長の菅野典雄《かんののりお》さんと再会《さいかい》したあと、原子力災害《げんしりょくさいがい》で子供《こども》の消えた小学校を訪《たず》ね、雪の薄《うす》くつもった校庭に、丈《たけ》の高い草が生えてしまっているのを見つめながら、村長の澄《す》んだまなざしの奥《おく》にある決意を考えていました。村長は、二年のうちに村民を飯舘村に戻《もど》すと決めて、戦い続けています。

それは時に、村人から「汚染《おせん》された村に戻れというのか」と烈《はげ》しく非難《ひなん》されます。村の万人を愛しながら、万人から愛されることは求めず戦うリーダーが、ここにもいる。

村長の志《こころざし》を生かすには、学校を含《ふく》め村の除染《じょせん》をどう進めるかがカギになります。その具体策《ぐたいさく》を思考しつつ、ぼくは福島第一原発《ふくしまだいいちげんぱつ》の所長だった吉田昌郎《よしだまさお》さんの顔も思《おも》い浮《う》かべました。吉田さんは食道癌《しょくどうがん》が見つかり、入院しています。そして吉田さんも、やがて強い非難を浴びることになるでしょう。災害の起きるまえ、津波《つなみ》のリスクを低く見過《みす》ぎていた責任《せきにん》があるし、事故《じこ》の初期の段階《だんかい》では、吉田さんの判断《はんだん》ミスもあっただろうからです。

英雄《えいゆう》とされたひとには必ず、引きずり下ろそうとする力も働きます。そうなっても、ぼくの吉田さんへの敬愛《けいあい》は変わることがない。

そんなことを胸《むね》のうちに去来させながら、雪の校庭の手前に立っていました。すると携帯電話《けいたいでんわ》が鳴り、とると独立総合研究所《どくりつそうごうけんきゅうしょ》の総務部《そうむぶ》です。「社長、いま飯舘村を歩いてるからTVニュースは視《み》ていませんね」

「うん、視てないよ。何があった」

「北朝鮮《きたちょうせん》の金正日総書記《キムジョンイルそうしょき》の死亡《しぼう》です」

この日、二〇一一年十二月十九日の正午から、朝鮮中央《ちょうせんちゅうおう》テレビが「十七日の朝に列車内で心筋梗塞《しんきんこうそく》を起こした」と発表したのでした。

ぼくはすぐに、その携帯電話で日本の情報当局者《じょうほうとうきょくしゃ》にかけました。日本にはいくつもの情報機関があり多数の当局者がいますが、そのなかでもいちばんフェアで海外に人脈も持つひとに、かけました。その日の午前十時に北朝鮮はまず、「正午に特別放送《とくべつほうそう》」と予告し、情報当局者は金正日死去を直感して、米韓《べいかん》の情報当局の知友に問い合わせましたが「死去ではないだろう」と否定《ひてい》したとのことでした。

しかし内調（内閣情報調査室《ないかくじょうほうちょうさしつ》）は午前十時三十九分に首相官邸《しゅしょうかんてい》へ、「特別放送というのは、一九九四年に金日成《キムイルソン》主席《しゅせき》が死亡した時しかない」という分析《ぶんせき》を伝えています（ちなみに、ぼくが電話をした相手は、内調のひとではありません）。ところが首相官邸は感度が致命的《ちめいてき》に鈍《にぶ》く、野田佳彦《のだよしひこ》総理《そうり》は、いったん新橋《しんばし》の街頭演説《がいとうえんぜつ》へ出発してしまいました。

ほんとうは何をすべきだったか。

日本国民の拉致《らち》を指揮《しき》した真犯人《しんはんにん》である独裁者《どくさいしゃ》が死去した可能性《かのうせい》が、午前十時四十分頃に浮上《ふじょう》したのです。特別放送のある正午まで一時間二十分ほどの貴重《きちょう》な時間がありました。もしも死去であった場合に備《そな》えて、総理はアメリカ、韓国《かんこく》、中国《ちゅうごく》、ロシアの首脳《しゅのう》たちと直ちに電話会談できるよう準備《じゅんび》することを、外務省《がいむしょう》に指示《しじ》すべきでした。

なぜ、できないか。個人の資質《ししつ》もあります。しかし、もっと深いところに敗戦後ずっと続いてきた思《おも》い込《こ》みが根付《ねづ》いているのです。

それは「日本は戦争に負けたのだから、能動的な外交はできない、してはいけない」という無意識《むいしき》にまで食い込んだ思い込みです。

ぼくらの生きている、敗戦後の日本では「日本外交は駄目《だめ》だ」が国民の口癖《くちぐせ》になっています。しかし本来の日本外交は違《ちが》います。

明治維新《めいじいしん》で時代を切《き》り拓《ひら》いた日本は、世界に向けて発信する外交をすすめ、ロシアが南下する脅威《きょうい》を訴《うった》え、日本という当時の新興国《しんこうこく》が、最強国のひとつだったイギリスと日英《にちえい》同盟《どうめい》を結ぶことができました。これがなければ、日本はその後の日露《にちろ》戦争《せんそう》に勝つどころか、戦うことすらできなかったでしょう。

ぼくらは「駄目」ではない。本来、持っていた能力を呼《よ》び戻《もど》せばいい。東日本大震災《ひがしにほんだいしんさい》は、同胞《はらから》二万人の犠牲《ぎせい》がすこしでも報《むく》われるためにも、日本外交を再生させる大きな転機にせねばなりません。それは、できます。なぜか。

地球は、氷が溶《と》けて海水が増《ふ》えてしまう温暖化《おんだんか》と、巨大地震《きょだいじしん》が続く活動期が重なるという困難《こんなん》な時期に入っています。そのことに人類が最初に気づいたのは二〇〇四年のスマトラ島沖地震《とうおきじしん》で二十二万人を超《こ》える犠牲者を出した時でした。ところが、地震の観測《かんそく》ポイントが整備されていなくてデータが乏《とぼ》しく、どのようなメカニズムでこんな巨大地震と津波が起きたのか、よく分からないままです。

しかし日本は世界でもっとも地震の観測網《かんそくもう》が整備され、ただ整備されるだけではなく高い労働モラールと、世界トップの技術力《ぎじゅつりょく》でちゃんと動かしています。だから、二〇一一年十二月にサンフランシスコで国際学会《こくさいがっかい》に参加したとき、「犠牲者には申《もう》し訳《わけ》ないが、大震災が起きたのが日本だったのは人類には幸運だ」と海外の研究者たちから語りかけられました。日本からの発信を期待しているのです。

福島原子力災害《ふくしまげんしりょくさいがい》も、日本が克服《こくふく》する道のりは人類の財産《ざいさん》になります。世界では原発がなおも増えていく。特に中国やインドをはじめ、経済《けいざい》の急な成長に技術力や労働モラールの向上が追いつかない国で原発が増えていくから、過酷《かこく》な事故にも備えねばなりません。福島から得られる教訓《きょうくん》が、どれほど役立つか。

外交は実は、平時にはなかなか進めにくい。きっかけが掴《つか》めないから。ところが危機《きき》が起きると、ことに現代《げんだい》では一部の危機がそのまま全世界に響《ひび》くので、世界の耳目が一気にそこに集まる。そういう時にこそ待《ま》ち構《かま》えていて外交をやる。

世界からどう見られるかとか、世界が何をしてくれるかとか、そういう受け身じゃなくてこちらから、危機の渦中《かちゅう》にある日本の方から逆発信《ぎゃくはっしん》していく。それが外交です。

日本が顔を上げ、背筋《せすじ》を伸《の》ばし、本来の持てる力を世界に役立てるよう能動的に発信していく。それがどんなに大切か、ぼくら日本の主人公が気付くことができる危機のさなかにこそ、われら共に立っています。

重版に感謝《かんしゃ》しつつ

青山繁晴　拝

朝《あした》の祈《いの》り——新書版《しんしょばん》あとがきにかえて

1

雪渓《せっけい》が二筋《ふたすじ》おおきく縦《たて》に残る富士《ふじ》の姿が、都内から今朝はよく見えます。季節は梅雨《つゆ》のさなか、澄《す》んだ空がちいさな奇跡《きせき》のようです。

「ぼくらの祖国《そこく》」のこの新書版のために、短いあとがきを書こうとして意外な苦吟《くぎん》を続け、ゆうべも書き上がらないまま夜明けを迎《むか》えました。

書きたいことが、さまざまに湧《わ》きあがり噴《ふ》きあがり焦点《しょうてん》が定まらないためです。正直、プロの書き手としてのぼくには珍《めずら》しいことです。苦吟は年中行事ですが、視線《しせん》がうろうろ定まらずに書けないことは滅多《めった》にありません。

それを朝の富士がぴたりと鎮《しず》めてくださいました。

国の内外へ出ていることの多いぼくですが、自宅《じたく》で朝を迎えるときは見えても見えなくても富士のお山に向かい、深い礼を捧《ささ》げ、祈《いの》ります。

どうぞ、日本のこころを一つにしてください、と。

ささやかな自作の銘《めい》に「脱私即的《だっしそくてき》」という言葉があります。「ぼくらの祖国」は、つたないサインをいちばん多く求められる書ですが、そこにもこの脱私即的を記すことが多くなります。

だっしそくてきと発声し、「私《わたくし》を脱し、本来の目的に即《つ》く」と読み下してください。

わたくしとはこの場合、私心を指します。おのれを良く見せようとしたり、他人と上手《うま》く同調できているように見せようとしたり、そうした心です。

たとえば、たまにラジオやテレビの番組に顔を出すとき「いい話をする男だとみられたい」と考《かんが》えていればきっと、あがってしまうでしょう。しかし、ぼくはタレントではありませんし、本来の目的は違《ちが》います。テレビやラジオの放送に接しておられる同じ日本国民に、伝えるべきを伝える。ただそれだけです。そこに徹《てっ》していると、胸《むね》のうちは山のごとく静まっていられます。

ではこの書、「ぼくらの祖国」の本来の目的は何でしょうか。

同胞《はらから》、そして海外のひとびとにも伝えるべきを伝える（英訳版《えいやくばん》も世に問います）、それは前述《ぜんじゅつ》のマスメディアを通じた発信と同じですね。

それなら、何を伝えようとしたか。

ひとつやふたつでは無いことは、この書の本文を読んでくださったかたなら感じていただけるでしょう。

しかし根っこのなかの根、あるいは砕《くだ》いて申せば隠《かく》し味のような本心としては、「日本国という分断国家《ぶんだんこっか》をひとつにしたい」という願いです。

日本が分断国家？

とんでもないと考えるひとは、歴史を知るひとにこそ多いでしょう。

その通り、第二次世界大戦、日本の立場の呼《よ》び方では大東亜戦争《だいとうあせんそう》が終わったとき、ソ連邦《れんぽう》は日本への侵略《しんりゃく》を千島《ちしま》全島と南樺太《みなみからふと》という北方領土《ほっぽうりょうど》だけではなく、北海道《ほっかいどう》から日本の奥深《おくふか》くへと準備《じゅんび》していました。極東《きょくとう》ソ連軍の総司令官《そうしれいかん》だったヴァシレフスキー元帥《げんすい》は、戦争終結から三日経《た》った一九四五年八月十八日に「北海道に上陸侵攻《じょうりくしんこう》せよ」という命令を実際《じっさい》に二個師団《にこしだん》に発していました。

日本は東西両ドイツのように東西に分断される恐《おそ》れがありつつ、ソ連がアメリカとの力関係で断念したのですから、ドイツ、朝鮮《ちょうせん》と比《くら》べて幸運だったのは事実です。

しかし千島全島と南樺太に住んでいたのも、わたしたちと同じ日本国民ですから、ほんとうは北方領土を忘《わす》れて「幸運」と済《す》ませるわけにいきません。また沖縄《おきなわ》は、日本が独立《どくりつ》を回復《かいふく》して連合軍の占領《せんりょう》から解放《かいほう》されたあとも二十年の長きにわたりアメリカの支配下《しはいか》に留《と》め置《お》かれたことも忘れません。

ただ、ぼくが今、祖国を分断国家と断じたのは、それとは別《べつ》のことです。見かけは統一国家《とういつこっか》でも、国の中身であるわたしたち国民は、たとえば護憲派《ごけんは》と改憲派《かいけんは》、自称《じしょう》リベラルと保守《ほしゅ》、沖縄では被害者《ひがいしゃ》である県民、加害者である本土の国民、そのように常《つね》に分断されてきました。

誰《だれ》かに分断されたよりも、ジャーナリストや作家、学者、政治家《せいじか》、裁判官《さいばんかん》らという国民の手によって、あるいは労働組合、圧力団体《あつりょくだんたい》、利益団体《りえきだんたい》、政党《せいとう》などの組織《そしき》の手によって、みずから分断してきました。

外国からの工作も、その背後《はいご》でずっと動いてきました。しかしそれはあくまで背景であって、主体は、日本国民のなかの発信手段《はっしんしゅだん》を持ち、あるいは子供《こども》たちを直接《ちょくせつ》、教育することができる立場にいたり、法《ほう》を定め、または法で裁《さば》くことのできる人々です。

だからこそ、あからさまに分断された国家よりもさらに、統合は難《むずか》しい。分断しているという自覚がほとんど皆無《かいむ》だからです。

ぼくもずっと、そうした分断教育、分断ジャーナリズム、分断政治の絶《た》えざるシャワーを頭から浴びて育って、生きてきたのです。

たまたま世界を歩くようになって分断国家も訪《たず》ね、たとえばベルリンの壁《かべ》が市民の手で打《う》ち砕《くだ》かれた現場《げんば》をつぶさに調べて、われら日本国民の内なる、見えざる壁にようやく気づいていきました。

二十年近く務《つと》めた共同通信《きょうどうつうしん》の記者を辞して、おのれの言説を自由自在《じゆうじざい》に発信できる立場になってすぐ、ぼくは「もはや右も左もなくまっすぐど真ん中から祖国を見直しませんか」と非力《ひりき》ながら呼びかけ続けています。

講演《こうえん》に出かけて、みなさんの眼《め》を見ながら話して、そのあといちばん反響《はんきょう》が強い焦点のひとつが、この「もはや右翼《うよく》も左翼もなく真ん中から」というところなのです。

それをやっと、ぼくの第一の本業である物書きとして、最初の結実をみたのが「ぼくらの祖国」です。

この書に集《つど》うてくださるみなさんは、これまでの違いを乗《の》り越《こ》えて、あるいはその違いは違いとして尊《とうと》びつつ、一致《いっち》できるところを意欲《いよく》を持って一致させ、連帯すべきを連帯して、こころを一つにしようとされる同胞が多いのです。

ところが一方で、日本の分断はますます烈《はげ》しくなりつつあります。

それは西暦《せいれき》二〇一五年、平成二七年、日本のたいせつなオリジナル・カレンダー皇紀《こうき》で申せば紀元二六七五年の国会で、いわゆる安保法制《あんぽほうせい》が審議《しんぎ》されてから一段と深まりました。

国民をいかに護《まも》るかよりも、護憲派なのかそうでないのかだけに分断しようという論《ろん》調《ちょう》、動きが、マスメディアや学会の多数派で特に強まりました。

この無残な事態《じたい》をむしろ、活かしませんか。

この書を手に取るかたでも、「私《わたし》は別に分断なんかされていない」と思う人が少なくないでしょう。それに異論《いろん》はありませせぬ。問題は、あなた以外のところで厳然《げんぜん》と存在《そんざい》する分断が、日本ほんらいの経済成長《けいざいせいちょう》をいかに阻《はば》んでいるかにあります。

そして沢山《たくさん》の拉致被害者《らちひがいしゃ》を北朝鮮に奪《うば》われたままにし、さらに沖縄県石垣市《いしがきし》の尖閣諸島《せんかくしょとう》の海も、首都東京の一部である小笠原諸島《おがさわらしょとう》の海も中国に侵《おか》され、島根県《しまねけん》の竹島《たけしま》を韓国に、そして北海道の千島全島、南樺太をロシアに占領されたままにしていることにあります。

これらに関わる国民は、先ほども述《の》べましたように、わたしたちと寸分《すんぶん》、変わることの無い日本の唯一《ゆいいつ》の主人公、主権者《しゅけんしゃ》、国民です。それを切《き》り離《はな》して考えていること自体、実はもっとも深刻《しんこく》な分断が、われらの胸のうちにあるということです。

この小さき書が、どなたの手にもより取りやすい新書になるということは、そこをこそ共に考える機会が増《ふ》えるかなと今朝、胸がひそかに弾《はず》みます。

2

「ぼくらの祖国」という名の書が、まさか「永遠《えいえん》のロングセラー」と担当編集者《たんとうへんしゅうしゃ》から呼ばれるようになるとは思いませんでした。

永遠の……とは、もちろん誇張《こちょう》です。しかし、ぼくはそれを承知《しょうち》でそのまま黙《だま》って聞きました。永遠に打《う》ち寄《よ》せる波のように、ひたひたと、じっくりと確実《かくじつ》に読まれていますよという編集者の実感が伝わってきたからです。

それでも「より多くのひとの希望《きぼう》に応《こた》えるために、敗戦後七十年を期して新書版も出したい」という提案《ていあん》があったとき、もう一度、「執筆《しっぴつ》を始めたときには想像《そうぞう》もしていなかったなぁ」と胸のうちで呟《つぶや》きました。

祖国という言葉そのものが、敗戦後の日本社会ではタブーだったからです。

この「ぼくらの祖国」のなかで、近畿大学《きんきだいがく》の学生たちとの、いわば人間同士としての対話を少しだけ描《えが》いています。国際関係論《こくさいかんけいろん》を講じているぼくが試験で「祖国とは何か」を問うと、学生が真剣《しんけん》に書いた答案に「聞いたことがない言葉だから分からない」という答えが相次ぐという事実に触《ふ》れています。

毎年、起きることをもうすこし話しましょう。春に、十八歳が中心の新入生を迎えると、経済学部《けいざいがくぶ》客員教授《きゃくいんきょうじゅ》のぼくは必ず、「祖国という言葉を聞いたことがあるひとは手を挙げて」と授業で問いかけます。

多い年は、受講生は三百人を超《こ》えます。そのなかで手を挙げるのは、わずかに数人です。その数人から出る答えは「それは、日本のことだろうけど、でも右翼の使う言葉じゃないんですか」

実は、このぼくだって似《に》たようなことを思っていたのです。世界を回るまでは。

「きみたちは受験勉強をして、大学に入ってきた。英語で、祖国とは何という」

「それは……（口を尖《とが》らせて、当たり前でしょうという顔で）My country（マイ・カントリー）です」

「では考えてほしい。世界のどこに、My country と言って右翼扱《あつか》いされる国があるんだ」

学生たちは、そこでハッとするような顔をしてくれます。

しかし、ぼくは近畿大学で八年あまり教えていますが、これを聴講した学生は全部で、ざっと五千人前後でしょう。仮《かり》に家族や友だち、恋人《こいびと》に話していた学生がいたとしても、最大で一割《いちわり》いくか、いかないかでしょう。ぼくはこのエピソードに講演で触れることがありますが、それもこれもすべて合わせて「祖国という言葉は世界でもっとも普遍的《ふへんてき》な、ふつうに使う言葉であり、右翼用語扱いするのは敗戦後の日本社会だけだ。主要国のすべてが敗戦後の社会を経験《けいけん》しているのに、日本だけだ」という話を聞いたことがあるのは、せいぜい一万人もいかないでしょう。

そしてぼくの知る限《かぎ》り、祖国という象徴的《しょうちょうてき》な言葉についてこうしたシンプルで根本的な事実を考える議論はほかで一切、聞きません。

だから「ぼくらの祖国」という書名は、本をベストセラーにするためには付けてはならない書名です。実際、「右翼の本」と思わせて読ませないための卑劣卑怯《ひれつひきょう》な中傷《ちゅうしょう》、さらにそれに刺激《しげき》されたのか口があんぐり開いてしまうような、ただの真っ赤な嘘《うそ》もネットで展開《てんかい》されています。

これらをあらかじめ予期しつつ、片隅《かたすみ》からの小さな問題提起として「ぼくらの祖国」と名付けたのでした。

本作りのぼくなりの方法論は、まず構想《こうそう》の段階《だんかい》から、編集者に提案してもらうのではなく、みずから考えをごとごとと煮込《にこ》んでいきます。本の命のひとつであるタイトルも必ず、おのれで捻《ひね》り出します。表紙のデザインも原案を描いて構想全体を定めます。執筆を進めるときも途中《とちゅう》で編集者に原稿《げんこう》を見せて相談することはしません。おのれで一字一句《いちじいっく》を積み上げていきます。ほぼ例外なくいつも苦吟します。編集者はそれを間近に見ながら、じっと我慢《がまん》して、ぼくの生きる本能《ほんのう》のような執筆作業を黙って見守ってくれます。

編集者に原稿を渡《わた》すときは、編集者は第一号の読者です。「本をより売るためのプロフェッショナルな編集の技《わざ》」をぼくは求めません。売りたくて書いているのではないからです。実はノンフィクションに関してはどの本も原稿を直されたことは一度もありません。

これが良いやり方だと言っているのでは、ゆめ、ありませぬ。ただ、ぼくにとっては心身から自然に湧き出た唯一の方法論です。ちなみにテレビ・ラジオ・講演といった本職《ほんしょく》ならざる発信でもぼくは、ディレクターや主催者《しゅさいしゃ》が常にやりたい「打ち合わせ」を好まない、困《こま》ったひとで有名になってしまいました。

したがって編集者とは、格別《かくべつ》に深い信頼関係《しんらいかんけい》が必要です。編集者と出版社にとっては

「売れるかどうか事前にチェックできない」という冒険《ぼうけん》になるからです。「ぼくらの祖国」という書名も、まさしく未知《みち》の冒険でした。

それが思いがけなく、特定の読者層《どくしゃそう》ではなく、多様な読者に長く読《よ》み継《つ》がれる一冊《いっさつ》になりました。

ぼくの本がどうということを超えて、日本社会の微《かす》かな変化、聞こえるか聞こえないかの希望への産声を感じとっています。

3

もともとは実は、子供たちへの本として考えていました。

ぼくは魂《たましい》の根っこのひとつを童話に造《つく》ってもらいました。言うほどのこともない読書歴ですが、中学卒業までに例えばドストエフスキー、トルストイというロシア文学の対照的な巨人ふたりを含《ふく》めて世界の文学作品を読んでいました。なかでもフランスのアンドレ・ジイドの「狭《せま》き門」、「田園交響楽《でんえんこうきょうがく》」が好きでした。

と言っても、ほとんど分からないまま読んでいる書もありましたから読書歴と言うには怪《あや》しい、ただ読《よ》み漁《あさ》っていただけですが、かなり早熟《そうじゅく》な読み手であったのは事実でしょうね。ところが一方で、高校を卒業するまでずっと変わらずに、世界の童話を繰《く》り返《かえ》し読み直していたのです。

高校生のとき、自宅に遊びに来た同級生が興味津々《きょうみしんしん》でぼくの勉強部屋の書棚《しょだな》をみて、壁に作り付けたいちばん大きな書棚が世界の童話全集で埋《う》め尽《つ》くされているのに驚《おどろ》き、「なんや、青山は今ごろ童話を読んでるんか」と呟いたのを覚えています。

例えばいま世界を歩き続けているのは、いちばん好きだった童話のひとつ、スウェーデンの「ニルスのふしぎな旅」の影響《えいきょう》もあると思います。主人公のニルスは鵞鳥《がちょう》のモルテンの背《せ》に乗って旅しますが、このお話では実際にはスウェーデン国内を北上しラップランドに着くだけです。しかしぼくには、それがどこまでも広い見果てぬ世界に思えました。長じて、危機管理《ききかんり》の仕事でスウェーデンを訪《おとず》れ、スカンジナビア半島の奥深《おくふか》くまで車を運転して北上するとき、白夜《びゃくや》に、不思議な懐《なつ》かしさも感じたのです。

そうした世界の童話には、祖国がよく出てくるのです。たとえば祖国を喪《うしな》ったひとがそれを取《と》り戻《もど》すために苦労を重ねる物語が諸国にあります。日本の神話にも実は、これに通じる物語があります。誰でも知っている天照大神《あまてらすおおみかみ》の天岩戸《あまのいわと》も、闇《やみ》に閉ざされ失われた祖国を光によって取り戻すお話ですね。

ところが、ふだんの生活に祖国という言葉は出てこない。ただひとつ、「沖縄の祖国復帰運動」というニュースだけでした。不思議に思っていました。

やがて大学を卒業して共同通信に入り、事件記者《じけんきしゃ》になりました。経済部や政治部の記者を務めるまえに、新人からしばらくの間は強盗《ごうとう》や殺人を取材する時代を、マスメディアに入れば多くのひとが送ります。いまの仕事にもっとも役立っているのは、政治部と経済部の記者時代の経験と、ささやかな人脈です。

しかし胸にもっとも残るのは、事件記者の時代なのです。血も凍《こお》るような事件のとき、警察《けいさつ》や検察《けんさつ》の見方だけではなく被害者ご自身、そして加害者の側にも立とうと努めました。加害者について、こころに刻んだのは「親に愛されないだけで、こんなにも冷血になるのか」という深い驚きです。

なぜ子を愛さない親が生まれたのでしょうか。その親もまた、親に愛されなかったからです。その連鎖《れんさ》の底に、わたしたちが祖の国という大きな、永遠の親を失ったことが横たわっていると考え始めました。この全体像を考えていくうち、子供だけではなく世代を超えたみなさんに問いかける書にしようと決意しました。

子供の頃《ころ》のぼくはあがり症《しょう》でした。小学五年生のとき、卒業生を送る送辞を読む大役を先生から授《さず》かり、本番で半ズボンのなかに失禁《しっきん》していました。送辞そのものは一見、無事に読み終えたものの友だちにも先生にも親にも言えない秘密《ひみつ》を抱《かか》えて、悔《く》やみました。そのおかげで「おまえは、卒業生のことを考えるより、自分のことを考えていた。いい格好《かっこう》したい、凄《すご》い送辞だと褒《ほ》められたいと考えてた。だから、あんなにあがったんだ」と分かっていきました。そこから脱私即的という言葉も生まれていきました。

それぞれの異見を尊びつつ、同胞として統合しようという呼びかけは、わたしたちのオリジナル憲法《けんぽう》「十七条憲法《じゅうしちじょうけんぽう》」の「和をもって貴《とうと》しとなし」に、そもそも顕《あらわ》れています。その日本の普遍を追究していくために、「ぼくらの祖国」は次の書の「ぼくらの真実」に繋《つな》がっていきました。

できれば、こうやって頭の中の手を繋げ、これからも立場の違いを超えて一緒《いっしょ》に考えませんか。

西暦二〇一五年、平成二七年、皇紀二六七五年水無月《みなづき》二八日　　青山繁晴　拝

青山繁晴（あおやま・しげはる）

●神戸市生まれ。慶大文学部中退、早大政経学部卒。共同通信に入り「特ダネ」を連発、昭和天皇の吐血もスクープ。●三菱総研に転じたのち日本初の独立系シンクタンクの独立総合研究所（独研）を創立、代表取締役社長・兼・首席研究員に就任。●「熱血先生」と呼ばれる近畿大経済学部客員教授（国際関係論）のほか防衛省幹部研修講師、総務省消防大学校講師、警察庁の関東管区警察学校講師も務める。●公職も無償を原則に務め、内閣府原子力委員会原子力防護部会・専門委員、文科省参与、海上保安庁政策アドバイザー、経済産業省総合資源エネルギー調査会専門委員、ＮＳＣ創設の有識者会議議員、消防審議会委員など。●国内外で第一級の専門家として認められている分野は外交、安全保障、危機管理、資源エネルギー安全保障、政治論など類例のない幅広さ。●「ザ・ボイス」（ニッポン放送）、「虎ノ門ニュース」（ＣＳ放送）などの番組参加が圧倒的人気。連続5時間前後の「独立講演会」も毎月、自主開催。●会員制レポート「東京コンフィデンシャル・レポート」（TCR）を15年を超えて配信。●著作に『ぼくらの祖国』『ぼくらの真実』（共に扶桑社）をはじめ『死ぬ理由、生きる理由』（ワニ・プラス）、『希望の現場 メタンハイドレート』『海と女とメタンハイドレート』（共にワニ・プラス、共著）、純文学の『平成』（文藝春秋）など。●趣味はＪＡＦ公式戦に参戦中のモータースポーツ（Ａ級ライセンス）、アルペンスキー、乗馬、スキューバダイビング、水泳、映画。●配偶者は日本女性初の大型船船長の資格を取りメタンハイドレート研究で日本と世界の特許を持つ青山千春博士。子息二人。愛犬は青山繁子（ポメラニアン）。●2千万を超えるアクセスのブログ「ON THE ROAD」、多彩な活動を網羅する独研公式HPがある。

扶桑社新書 188

ぼくらの祖国

発行日 2015年8月15日 初版第一刷発行
2016年7月10日 第八刷発行

著　　者………青山繁晴
発 行 者………久保田榮一
発 行 所………株式会社扶桑社
〒105-8070 東京都港区芝浦1-1-1
浜松町ビルディング
電話 03-6368-8870（編集部）
03-6368-8891（郵便室）
www.fusosha.co.jp

ＤＴＰ制作………株式会社ＹＨＢ編集企画
印刷／製本………中央精版印刷株式会社

Printed in Japan ISBN 978-4-594-07308-4